Luíza Guimarães Batista Gon...

Bacharel em Direito pela Universidade Católica de Salvador e Especialista em Ciências Criminais pela Universidade Católica de Salvador. Advogada.

A aplicação supletiva do CPC ao CPP como meio de ampliação de direitos e garantias fundamentais

NeoJuris Editora

2018

NeoJuris Editora

Rua do Sabiá, 68
Piatã – Salvador/BA
CEP: 41.650-135

G633

Gomes, Luíza Guimarães Campos Batista

    A aplicação supletiva do CPC ao CPP como meio de ampliação de direitos e garantias fundamentais / Luíza Guimarães Campos Batista Gomes. – Salvador : NeoJuris Editora, 2018.
    149 p.

    ISBN 978-85-53009-04-6

    1. Direito Processual Penal – Brasil 2. Direito Processual Civil – Brasil 3. Direitos Fundamentais – Brasil I. Título.

Data de fechamento da edição: 18 de julho de 2018

A verdade dividida

A porta da verdade estava aberta
mas só deixava passar
meia pessoa de cada vez.

Assim não era possível atingir toda a verdade,
porque a meia pessoa que entrava
só conseguia o perfil de meia verdade.
E sua segunda metade
voltava igualmente com meio perfil.
E os meios perfis não coincidiam.

Arrebentaram a porta. Derrubaram a porta.
Chegaram ao lugar luminoso
onde a verdade esplendia os seus fogos.
Era dividida em duas metades
diferentes uma da outra.

Chegou-se a discutir qual a metade mais bela.
Nenhuma das duas era perfeitamente bela.
E era preciso optar. Cada um optou
conforme seu capricho, sua ilusão, sua miopia.

Carlos Drummond de Andrade

Lista de Abreviaturas

AI – Agravo de Instrumento

AgR – Agravo Regimental

ADC – Ação Direta de Constitucionalidade

CADH – Convenção Americana de Direitos Humanos

CEDH – Corte Europeia de Direitos Humanos

CEUB/46 – Constituição dos Estados Unidos do Brasil de 1946

CP – Código Penal

CPC – Código de Processo Civil

CPC/73 – Código de Processo Civil de 1973 (Lei nº 5.869/73)

CPP – Código de Processo Penal (Lei nº 3.689/41)

CRFB/88 – Constituição da República Federativa do Brasil de 1988

DUDH – Declaração Universal dos Direitos do Homem

ED – Embargos de Declaração

HC – habeas corpus

LEP – Lei de Execuções Penais (Lei nº 7.210/84)

NCPC – Novo Código de Processo Civil (Lei nº 13.105/15)

PL – Projeto de Lei

PLS – Projeto de Lei de autoria do Senado Federal

RE – Recurso Extraordinário

RESp – Recurso Especial

RHC – Recurso em *habeas corpus*

SG – Sistema de Garantias

STF – Supremo Tribunal Federal

STJ – Superior Tribunal de Justiça

Sumário

Sumário

INTRODUÇÃO

A presente obra é o resultado das provocações lança-
das durante o curso de Especialização em Ciências Criminais do Programa de Pós-Graduação da Universidade Católica do Salvador, aliados à reflexão trazida pelo professor doutor Sebástian Borges de Albuquerque Mello, quando da fixação dos marcos teóricos próprios do debate que
pretendo alcançar, na medida em que o Estado Social Democrático de Direito (no estudo abordado neste livro, o
brasileiro) coexiste com um eterno Estado de Polícia.

Ao longo do desenvolvimento dessa discussão, res-
tou clarividente que por "Estado de Polícia" deve-se entender não somente o Estado em sua concepção contratu-
alista, mas, principalmente, o *status* de polícia; ou seja, o
intento subjetivo autoritário que todo e qualquer ser humano comporta dentro de si. A diminuição dessa subjeti-
vidade e desse autoritarismo inverte-se proporcionalmen-
te à maximização das premissas inerentes à democracia
no Estado de Direito.

Nesse raciocínio, a defesa desta obra cinge-se ao necessário traçado entre Estado de Direito, sistema de garantias Constitucionais, premissas processuais-penais e à máxima efetividade da dignidade da pessoa humana, que independe das especialidades afetas às matérias processuais.

Partindo-se do pressuposto de que a dignidade da pessoa humana é o ponto gravitacional dos Estados Democráticos de Direito contemporâneos, aborda-se a possibilidade de uma visão integralista do ordenamento jurídico infraconstitucional, a partir de uma leitura do sistema de garantias proposto por Luigi Ferrajoli, como forma de propiciar um aumento das garantias previstas pela CRFB/88.

O NCPC representa a primeira codificação processual do Estado Democrático brasileiro, a exceção dos procedimentos expropriatórios patrimoniais[1], nasce imbuído do espírito liberal-positivista, haja vista que pressupõe uma série de regras e procedimentos que visam a maximização da dignidade da pessoa humana litigante em processo, a exemplo do contraditório como direito de influência no resultado da decisão, que será tema abordado em tópico adiante.

---

1 Próprios do procedimento de Execução de Título Extrajudicial (arts. 771 e seguintes do NCPC), cujas modificações estruturais do procedimento anteriormente previsto, permitem ao juiz a constrição de valores e patrimônio pertinentes ao Executado, sem a sua devida oitiva prévia, que pode ser chamado ao processo para responder diretamente à penhora.

Outra importante contribuição do NCPC é a positivação do dever de motivação das decisões, mormente no que se refere à invocação de provas produzidas no curso do processo e das provas requeridas em caráter antecedente pelas partes em procedimento autônomo, cujos argumentos contrários à sua veracidade deverão ser analisados detidamente pelo juiz no momento de formação da sua convicção motivada. A positivação pelo art. 927 do NCPC da "Teoria dos Precedentes" também se demonstra imprescindível à construção de uma jurisprudência verdadeiramente consolidada sob as bases do Estado Social Democrático de Direito.

À luz da práxis, a segregação dos textos normativos processuais civis e penais pouco contribui para a obstacularização de decisões apartadas de silogismos frente às premissas do Estado de Direito e dos axiomas garantistas; a esse respeito, serão trazidos ao longo do presente estudo alguns exemplos jurisprudenciais.

Ao revés, a maximização da dignidade da pessoa humana posta em situação de acusado pelo Estado, através da integração do texto infraconstitucional, o controle interpretativo dos atores do Direito, deverá ser exercido pela hermenêutica jurídica, tal como proposto por Lênio Luiz Streck, esmiuçado a seguir.

O intento desta obra não é exaurir toda a argumentação inerente ao tema integralista processual, precipuamente no que se refere às críticas oriundas das teorias abolicionistas e agnósticas da pena e do processo penal, ainda que a conclusão dessas teorias em um nível de abstração profundo seja inevitável; dentro do que é possível atualmente no campo da práxis do Direito, o presente livro finca sua argumentação teórica no sistema de garantias proposto por Luigi Ferrajoli e na hermenêutica jurídica própria do Constitucionalismo Contemporâneo defendido por Lênio Luiz Streck.

Cumpre esclarecer, ainda, que a obra não aborda as discussões que permeiam a teoria unitária do processo, haja vista que a título argumentativo, inegavelmente os processos civis e penais possuem diferenças sensíveis, ainda que ambas as matérias sejam afetas ao sistema acusatório e às premissas constitucionais. A linha de raciocínio que pretendo seguir circunda, justamente, o fato de que ambas as matérias processuais possuem a mesma matriz normativa (Constitucional), de modo que não é necessário um debate acerca da necessidade ou não de uma teoria unificada, mormente porque mesmo se tratando das abordagens específicas de ambas as matérias (civil e penal), ainda sim, a leitura constitucional é possível, para não dizer, essencial. De igual sorte, o respeito às premissas próprias das categorias do processo penal é medida que se impõe, de modo que o filtro de aplicabilidade das regras referidas no NCPC dependerá do exercício de maximização da dignidade da pessoa humana.

Enquanto não é possível o livramento completo de um processo penal, cumpre à academia jurídica o exercício de abstração necessário à humanização e a minimização desse mesmo processo, sob o viés da Constituição Cidadã brasileira e da principiologia própria do Direito Penal e Processual Penal.

Finalmente, com o fito de demonstrar que a integração processual é possível e, inclusive, desejável do ponto de vista garantista, trouxe-se para o debate consubstanciado neste livro, a análise crítica do acórdão proferido pelo STF quando do julgamento do HC 126292/SP, cuja *ratio decidendi* ficou popularmente conhecida como "relativização do princípio da presunção da inocência".

Conforme demonstrado ao final da abordagem integralista processual, o referido acórdão seria impossível de ter sido prolatado pelo STF se a linha argumentativa da defesa do acusado tivesse se apegado supletivamente à formalidade da "Teoria dos Precedentes" trazida pelo NCPC, não excluídos, evidentemente, os entraves axiológicos próprios do processo penal e dos Direitos Humanos, a exemplo da vedação do retrocesso.

Assim, o que se pretende, é o início de uma discussão acadêmica que vise não somente a defesa das categorias próprias do sistema processual penal, mas, principalmente, a defesa das premissas basilares do Estado Social Democrático de Direito, independentemente da lupa que se decida apoiar para a leitura.

O Sistema de Garantias
Fundamentais

A possível dimensão das distinções dos tipos de governo e organizações sociais da história da humanidade passa pela análise multidisciplinar das Ciências Sociais: Ciência Política, Teoria do Estado, História e Direito. Não há compreensão possível do que vem a ser o Estado de Polícia, marcado por práticas absolutas e/ou totalitárias ou, ainda, do que significa o Estado Social Democrático, sem que antes nos debrucemos sobre os conceitos filosóficos e históricos das diversas formas de exercício de poder[2].

A Ciência Política e a Teoria do Estado se exprimem de forma íntima entre si, de modo que para analisar os fundamentos de determinado Estado, antes, devem ser abordadas as ideias e filosofias políticas que são flagrantes nesse Ente. Diga-se, na medida em que um Estado positiva sua diretriz política através de um processo constituin-

---

2 STRECK, Lênio Luiz e MORAIS, José Luis Bolsan de. *Ciência Política e Teoria do Estado*. 8ª ed. rev. e atual. Porto Alegre: Livraria do Advogado, 2014, p. 19.

te, é possível determinar sua inclinação filosófica. Evidentemente que as ações desse Estado também importam para essa determinação, pois, o Direito Constitucional pode exprimir uma diretriz democrática e, a despeito disso, os agentes estatais podem, na prática, descumpri-la, por meio a ações autoritárias que somente serão percebidas, depois de ocorridas, como via de consequência[3]. Esse último braço analítico, é o da História, que pode ser visto de maneira pretérita para constituir a memória dos acontecimentos sociais, bem como de maneira futurista, a fim de possibilitar o relance à humanidade das consequências de suas atitudes, que culminam em mudanças profundas na sociedade, em uma concepção cíclica, tal como defendido por Karl Marx sob o ponto de vista econômico-social[4].

Para Paulo Bonavides, os laços existentes entre Ciência Política[5] e o Direito Constitucional são tão profundos que antes do século XX, na França, inúmeros autores tratavam a Ciência Política como um braço do Direito Constitucional, contido. Contemporaneamente, apesar do processo de constitucionalização de todo o Direito, o Direito Constitucional é o ramo da Ciência Jurídica que mais pesa politicamente dentro de um Estado. Não por acaso,

---

3   A exemplo do Golpe Militar de 1964, que à época da deposição do presidente eleito João Goulart contava com ares de legalidade à luz da Constituição dos Estados Unidos do Brasil (CEUB) de 1946. Constituição esta, que por sua vez, positivava a opção do Estado brasileiro pelo regime democrático de governo. A noção de que a "revolução militar" não era exatamente legalista somente ocorreu anos mais tarde com a análise crítica da História.

4   MARX, Karl, trad. MORGADO, Gersner de Wilton. *O Capital*. Rio de Janeiro: Ediouro, 1985, p. 9-15.

5   Sendo "Teoria do Estado" e "História" partes indissociáveis dessa matéria.

golpes de Estado perpassam pela "violação contumaz" do Direito Constitucional[6].

O "Estado", por sua vez, seria a despersonificação do exercício de poder e a institucionalização desse exercício através da operacionalização jurídica[7].

Na realidade do Estado brasileiro, o exemplo disso se manifesta no relato histórico da Arquidiocese de São Paulo sobre o período ditatorial militar. De maneira inequívoca, Dom Paulo Evaristo Arns trata a consolidação do Estado Autoritário no Brasil como o fruto de uma profunda modificação da estrutura jurídica do país, que antecedeu os anos do Golpe de 1964, tendo sido intensificada no governo de João Goulart e que, por fim, culminou na deposição deste pela via da legalidade. As modificações da estrutura jurídica do país, permitiram a maximização do Estado brasileiro com os aparentes disfarces de normalidade democrática, necessários à implementação desse Estado absoluto e autoritário, e terminaram com a edição do Ato Institucional de nove de abril de 1964, equiparando a "revolução militar" ao Poder Constituinte originário[8].

De maneira a confirmar a ideia de que o Direito segue a matriz política estatal de seu tempo, ao mesmo tempo em que a legitima, Norberto Bobbio vai dizer que para se distinguir as diversas formas de governo basta a

---

6   BONAVIDES, Paulo. *Ciência Política*. 17ª ed. São Paulo: Malheiros, 2010, p. 48-49.
7   *Ibidem*, p. 65-67.
8   ARNS, Dom Paulo Evaristo. *Brasil: nunca mais*. 5ª ed. Petrópolis: Vozes, 1985, p. 60-61.

análise de dois critérios primordiais: o histórico e aquele que se refere a menor ou maior expansão do Estado na direção da sociedade e indivíduo, pois, por trás do contexto histórico e da maximização das leis estará sempre a filosofia totalitária do Estado[9].

Lênio Luiz Streck e José Luis Bolsan de Morais preconizam que a Teoria (Geral) do Estado estaria, como conteúdo, dentro da Ciência Política, ao passo que sua função seria estudar a formação do Estado, sua estrutura e funcionamento, relação com o indivíduo e o sistema jurídico, este, responsável pela emanação da normatividade, tanto sobre a ótica da realidade, quanto de sua idealidade (filosofia). Assim, é possível descobrir como o Estado se apresenta perante a sociedade que o institui e se essa apresentação inicial condiz com a realidade prática. A Ciência Política se aproximaria da Teoria do Estado, no entanto, quando trata das relações de poder como possibilidade de cumprimento das promessas da modernidade pelo Estado. Este, que não mais se exprime na necessidade de intervenção (barbárie individual), mas transborda nas necessidades oriundas das conquistas sociais do pós século XX. A esse Estado onipotente, diante das necessidades e conquistas sociais modernas, chamamos de Estado Social Democrático ou Estado Democrático de Direito[10].

Nessa concepção, o Estado de Polícia seria a antítese das bases filosóficas que compõe o Estado Democrático de

---

9 BOBBIO, Norberto. *Estado, Governo, Sociedade. Para uma teoria geral da política*, 18ª ed. São Paulo: Paz e Terra, 2012, p. 113.
10 STRECK e MORAIS, p. 19-20.

Direito. Mais do que Estado, o "Estado de Polícia" representa a personificação, o *status*, de determinada inclinação filosófica e política autoritária. É, portanto, na visão cíclica histórica marxista, eterno e constante. Inerente à própria construção social do Estado. Ao passo que, como "estado de coisas" o Estado de Polícia caracteriza-se por uma díade inseparável, o *potestas puniendi* de um lado e do outro, o poder de decretar guerra a outros Estados.

Para Jean Cloude Monet, o Estado de Polícia ou *Polizeistaat* caracteriza-se preponderantemente pelo absolutismo Estatal. O Estado é absoluto. Somente o Estado detém os meios necessários a felicidade de seu povo e somente ele pode executar determinados atos que propiciem essa felicidade. Somente esse Estado pode, também, impor uma penalidade ao indivíduo desviante das normas de segurança coletiva, sendo que o Estado absoluto não está sujeito às suas próprias leis. Com o advento do despotismo "esclarecido" essa insubordinação do Estado à lei cede gradativamente espaço para a existência de uma nova ordem paradigmática, cujas bases filosóficas não admitem que o sujeito impotente seja indiscriminadamente posto diante do Estado onipotente. As bases do pensamento filosófico iluminista modificam, assim, o papel do Estado, que deixa de ser "a proteção em troca de direitos" e passa a ser a "garantia da segurança e o exercício da liberdade individual". Em 1794 aparece, pela primeira vez, com a promulgação do *"Allgemeines Landrecht für die Preussischen Staaten"*[11], o princípio da igualdade no corpo normativo germânico. O Estado não estava mais acima da

---

11 "Lei Geral da Terra para os Estados Prusianos" – tradução livre.

legalidade. Assim, o Estado de Polícia deu lugar ao Estado de Direito (*Rechtsstaat*)[12].

Levando essa discussão para o ordenamento jurídico brasileiro, pode-se dizer que a Constituição da República Federativa do Brasil (CRFB/88) possui, de maneira expressa, uma inclinação à defesa dos direitos sociais e garantias individuais, oriundas dos movimentos jurídicos pós século XX e da própria historicidade do Estado brasileiro quando de sua abertura democrática pós ditadura militar. A previsibilidade de tais direitos e garantias no texto constitucional constituem, assim, a declaração de vontade do Estado Brasileiro enquanto Estado Social Democrático de Direito.

O texto constitucional exprime a preocupação que o constituinte originário teve com relação à positivação dos entraves interpretativos inerentes à restrição de Direitos e Garantias Fundamentais, mormente porque o contexto histórico da época não poderia permitir que normas de garantia à liberdade individual, solidificadas precipuamente pelo princípio da dignidade da pessoa humana, fossem passíveis de lacunas.

Não por acaso, a CRFB/88 é marcada por inúmeras cláusulas pétreas direcionadas à proteção desses direitos e garantias individuais, bem como de normas diretamente relacionadas à dignidade da pessoa humana (art. 1º, III,

12 MONET, Jean Cloude. *Polícias e Sociedade na Europa*. 2ª ed., São Paulo: Editora da Universidade de São Paulo, 2002, p. 22.

art. 170, art. 226, § 7°, art. 227, art. 230, todos da CRFB/
88).

De igual sorte, de maneira bastante oportuna, o art.
5° traz em seu texto a positivação de inúmeras garantias e
direitos individuais fundamentais, contrapondo-se diretamente, ao Ato Institucional n° 5, que no curso da ditadura
militar restringiu, quase que em sua totalidade, esses
mesmos direitos e garantias fundamentais (a exemplo das
possibilidades de impetração do *habeas corpus*).

O § 2° do art. 5° da CRFB/88 preconiza, ainda, que os
direitos e garantias individuais expressos na Constituição
não excluem outros decorrentes de outras legislações, sejam elas normas de eficácia nacional ou internacional.
Disso, decorre de maneira explícita, a intenção do constituinte originário no sentido de assegurar a aplicação extensiva de normas ampliadoras dos direitos e garantias
fundamentais. Isto confere uma maior vigência a esse texto constitucional, pois, ainda que o direito se modifique
no compasso da sociedade, as regras que ampliam direitos
poderão ser incorporadas ao corpo jurídico regido pela
Constituição, ao tempo que garante também aos cidadãos
brasileiros, que todos os seus direitos e garantias fundamentais serão sempre analisados à luz da maximização,
em detrimento, necessariamente, da minimização daquilo
que representar normas restritivas à dignidade da pessoa
humana.

Amparado por esse conceito, André de Carvalho Ramos defende que o Estado de Direito possui dois deveres

relacionados à proteção da dignidade da pessoa humana. O primeiro diz respeito à imposição de limites à ação estatal, de modo que a dignidade individual seria um limite para a ação dos poderes públicos. O segundo se refere no que o autor chama de dever de garantia que consiste no conjunto de ações voltadas à promoção da dignidade humana por meio do fornecimento de condições materiais inerentes ao seu florescimento[13].

Cumprindo com esses dois deveres inerentes ao Estado, o constituinte originário previu a impossibilidade de se admitir uma interpretação extensiva da norma constitucional, para fins de restrição de direitos fundamentais. Tal premissa encontra guarida no princípio da vedação ao retrocesso (efeito *cliquet*), que consiste na proibição da eliminação da concretização já alcançada na proteção de algum direito de ordem fundamental, admitindo-se, somente o seu aprimoramento e acréscimos[14].

Conforme assevera Salo de Carvalho, a ideia de direitos fundamentais gerais se sobrepõe à visão de garantia aos direitos individuais, na medida em que o processo de criação, reconhecimento e efetivação dos direitos coletivos operou uma profunda modificação nas formas de intervenção estatal; a reação dos movimentos contrários às práticas inquisitoriais, *a priori* institui mecanismos de controle e garantia jurídico-processuais e, num segundo momento, maximiza a principiologia originária com a in-

---

13 RAMOS, André de Carvalho. *Curso de Direitos Humanos*. 4ª ed., São Paulo: Saraiva, 2017, p. 79.
14 *Ibidem*, p. 99.

clusão de novos bens jurídicos relevantes, passíveis de reconhecimento e tutela por parte dos direitos humanos[15].

Desse modo, não é dado ao Estado de Direito retroceder no campo dos direitos humanos já regulamentados por meio de uma norma de eficácia interna ou, ainda, internacional, seja ela oral ou escrita – essa foi, inclusive, a deliberação da Corte Europeia de Direitos Humanos no julgamento de 29 de abril de 2002 "*Pretty vs. Royaume-Uni*" quando aquela Corte se pronunciou a respeito da imprevisibilidade da "dignidade da pessoa humana" em sua convenção (de maneira positivada), tendo sido formalizado o consenso no sentido de que a proteção da dignidade da pessoa humana é a essência da própria Convenção e, portanto, não é necessário que esta norma esteja declarada de maneira escrita[16].

No plano do nosso ordenamento, o art. 60, § 4º, IV, da CRFB/88 preconiza, expressamente, o princípio da irreversibilidade dos direitos e garantias fundamentais previstos no texto constitucional brasileiro; ao passo que, o constituinte originário proibiu, inclusive, a possibilidade de deliberação do Congresso Nacional a respeito de propostas de emendas que visassem a abolição de tais direitos. Ou seja, o retrocesso de direitos e garantias fundamentais previstos na CRFB/88 – na concepção do constituinte originário – não é passível sequer de deliberação (cogitação) pelo Congresso brasileiro.

---

15 CARVALHO, Salo de. *Antimanual de criminologia*. 6ª ed. rev. e ampl. São Paulo: Saraiva, 2015, p. 204-205.
16 RAMOS, *op. cit.*, p. 77.

Assim, nossa Constituição e, historicamente antes dela, a Declaração Universal dos Direitos do Homem (DUDH), consagram as limitações intransponíveis e necessárias à coexistência do "sujeito" e do "Estado" – de maneira que não toleram a submissão ou, ainda, a subjugação do homem ao "Ente todo-poderoso"[17].

Essa análise interpretativa perpassa pela incorporação do texto constitucional às premissas penais e processuais-penais; ou seja, é necessário que os atores do Direito observem as regras restritivas de direito, a partir do viés humanista da Constituição, bem como das Legislações internacionais, mormente no que se refere aos tratados ratificados pelo Brasil, cujo *status* é de norma supralegal, conforme definido pelo Supremo Tribunal Federal (STF) no julgamento simultâneo dos RE 466.343-SP[18], HC 87.585-TO[19] e RE nº 349.703[20].

Para Cezar Roberto Bitencourt, esse direcionamento interpretativo é imprescindível à perspectiva do Direito

---

17 LOPES Jr., Aury. *Introdução Crítica ao Processo Penal (Fundamentos da Instrumentalidade Garantista)*. 1ª ed. Rio de Janeiro: Lumen Juris, 2004, p. 40.
18 Disponível em: <http://www.stf.jus.br/portal/processo/verProcessoAndamento.asp?incidente=2343529> Acessado em 10 de novembro de 2017.
19 Disponível em: <http://www.stf.jus.br/portal/processo/verProcessoAndamento.asp?numero=87585&classe=HC&codigoClasse=0&origem=JUR&recurso=0&tipoJulgamento=M > Acessado em 10 de novembro de 2017.
20 Disponível em: <http://www.stf.jus.br/portal/jurisprudencia/listarJurisprudencia.asp?s1=%28RE%24.SCLA.+E+349703.NUME.%29+OU+%28RE.ACMS.+ADJ2+349703.ACMS.%29&base=baseAcordaos&url=http://tinyurl.com/b7evufv> Acessado em 10 de novembro de 2017.

Penal brasileiro, pois, a interpretação do Direito Penal depende do sistema político por meio do qual o Estado organiza as relações entre os indivíduos de uma sociedade e a forma como exerce o poder sobre eles. O Direito Penal pode ser estruturado a partir de uma concepção autoritária de Estado ou, democrática[21].

Nessa mesma linha de raciocínio, Eugênio Raúl Zaffaroni e José Henrique Pierangeli nos ensinam que o Direito Penal, por tratar dos limites de coerção penal do Estado, possui um caráter diferenciador dos demais ramos do Direito. Essa diferença não está ligada à especialidade da norma Penal, mas sim ao fato de que o Direito Penal é a resposta que a segurança jurídica estatal entrega para a sociedade quando todos os demais ramos do Direito falharam. Por esta mesma razão, o Direito Penal alimenta-se de si mesmo, das condutas antijurídicas preestabelecidas, que são reexaminadas à luz da despenalização, conforme as mudanças sociais demonstrem que os outros ramos do Direito possuem respostas mais eficazes àquelas condutas "desviantes" e que, por via de consequência, a penalização não é mais necessária. Assim, a leitura constitucional estipula os entraves de interpretação penal, haja vista que se criminalização de certas condutas são incompatíveis com a ótica constitucional vigente, tais condutas devem ser despenalizadas[22].

21 BITENCOURT, Cezar Roberto. *Tratado de Direito Penal – parte geral 1*. 17ª ed. rev. e amplia. São Paulo: Saraiva, 2012, p. 69-80.
22 ZAFARONNI, Eugênio Raúl e PIERANGELI, José Henrique. *Manual de Direito Penal Brasileiro*. 1ª ed. São Paulo: Revista dos Tribunais, 2015, p. 79-80.

O fato é que tanto no âmbito penal (material), como processual-penal, a existência de um Estado Democrático de Direito, regido pela supremacia da legalidade, pressupõe uma análise constitucional dos textos normativos infraconstitucionais seja para a imposição de limites interpretativos da tipificação de condutas "desviantes" em matéria penal, seja para limitar sistematicamente, através do Devido Processo Legal, a ação do Estado no curso de uma persecução penal, em matéria processual penal.

Ao abrir o prefácio da 1ª edição italiana da obra "Direito e Razão" de Luigi Ferrajoli, Norberto Bobbio diz que, atualmente, o consenso do que vem a ser uma democracia impõe uma visão/postura liberal em relação ao sujeito x Estado; sendo que o primeiro deve sempre ser prestigiado em detrimento do segundo, pois, o Estado não é um fim em si mesmo e existe para servir o seu povo (e não contrário). Nessa concepção, as garantias individuais do sujeito somente podem ser afastadas de sua imperatividade caso isto seja estritamente necessário à manutenção do bem comum, sendo que, essa transposição dos direitos individuais do sujeito deve, necessariamente, ser precedida de uma sucessão de atos taxativos que visem elidir qualquer possibilidade de um juízo dispositivo, desprovido de cognição racional[23].

A transposição do Estado de Direito, pelo Estado de Polícia, portanto, identifica-se primordialmente no des-

---

23 FERRAJOLI, Luigi. *Direito e Razão – Teoria do Garantismo Penal*. 6ª ed. São Paulo: Revista dos Tribunais, p. 11.

respeito às liberdades e garantias individuais, onde não há limites ao *potentia puniendi* estatal[24].

A fim de coibir isto, a proposta trazida por Ferrajoli prevê a criação de um sistema de garantias inexoráveis jurídico-penais, cujo objetivo é proteger a dignidade da pessoa humana frente ao Estado, no curso de sua *persecutio criminis*. Sendo que, uma vez exauridas procedimentalmente e, incompetentes ao fim a que se destinam – a materialização racional da culpabilidade do sujeito – culminarão na preservação de sua liberdade individual.

Os axiomas propostos por Ferrajoli visam, assim, definir a responsabilidade penal de uma pessoa, exigidas dentro de um processo penal democrático como condições de validade jurídica à imputação de uma pena restritiva de direitos ou liberdade.

Em que pese a crítica trazida pelo próprio Ferrajoli acerca da sistematização desses conceitos, não é possível – do ponto de vista didático e epistemológico – traduzir esse sistema de garantias sem que isto represente "inevitavelmente" a indesejada esquematização desses princípios; que, em verdade, se encontram formuláveis como proposições de implicações ou, ainda, condições, intimamente ligadas entre si[25].

---

24 DUCLERC, Elmir, *Por uma teoria do processo penal*. 1ª ed. Florianópolis: Empório do Direito, 2015, p. 18-20.
25 FERRAJOLI, *op. cit.*, p. 73.

Justificada esta esquematização, Ferrajoli define os dez axiomas fundantes do sistema de garantias do sujeito em conflito com o Estado, são eles: A1) *Nulla poena sine crimine* (Não há pena sem crime – Princípio da Previsibilidade/Retributividade); A2) *Nullum crimen sine lege* (Não há crime sem lei – Princípio da Anterioridade/Legalidade); A3) *Nulla lex (poenalis) sine necessitate* (Não há lei penal sem necessidade – Princípio da Necessidade/Economia); A4) *Nulla necessitas sine injusria* (Não há necessidade sem ofensa a bem jurídico – Princípio da Lesividade/Insignificância); A5) *Nulla injuria sine actione* (Não há ofensa ao bem jurídico sem ação – Princípio da Materialidade); A6) *Nulla actio sine culpa* (Não há ação sem culpa – Princípio da Culpabilidade); A7) *Nulla culpa sine judicio* (Não há culpa sem processo – Princípio da Jurisdicionalidade); A8) *Nulla judicium sine accustone* (Não há processo sem acusação – Princípio Acusatório); A9) *Nulla accusatio sine probatione* (Não há acusação sem prova – Princípio da Verificação); A10) *Nulla probatio sine defensione* (Não há prova sem defesa – Princípio do Contraditório, Ampla Defesa e Falseabilidade)[26].

A composição desses dez axiomas, conectados sistematicamente entre si, servirá como instrumento de garantia ao sujeito em conflito com o Estado, que não poderá implementar sua persecução penal, sem que todos esses princípios sejam respeitados e refletidos nos procedimentos processuais penais previstos normativamente, haja vista sua força de expressão linguística que definem "as regras do jogo fundamental do direito penal" que no

---

26 FERRAJOLI, *op. cit.*, p. 74-75.

ordenamento jurídico brasileiro podem ser identificadas pelo "Devido Processo Legal" (art. 5°, LIV, da CRFB/88).

O Devido Processo Legal – composto de maneira categórica pelos axiomas garantistas de Ferrajoli – serve como condição de validade para a afirmação da responsabilização penal do sujeito (culpabilidade) e para a consequente aplicação de uma pena. Mas, também confere uma maior racionalização ao processo de penalização do indivíduo, ao passo que retira do agente estatal o poder de aplicação da norma penal e processual penal sem a devida observância dos procedimentos garantidores.

Vale destacar, neste ponto, que Zaffaroni e Pierangeli aduzem que a relação entre Direito Penal e Processual Penal deve ser íntima com o Direito Constitucional, haja vista que este último constitui a primeira manifestação legal da política criminal de um Estado. Existem, assim, princípios que regem o sistema penal (material e processual) e que são intransponíveis à luz da estrita legalidade, pois, estão previstos na norma fundamental do Estado, traduzidos em sua diretriz política[27], que no caso do Estado brasileiro, é Social-Democrática.

Pode-se dizer, neste mister, que tais procedimentos garantidores protegem tanto os direitos individuas do sujeito em conflito com o Estado, quanto os direitos sociais coletivos exprimidos na CRFB/88, na medida em que funcionam como uma reafirmação do Estado Social Democrático de Direito, em detrimento do Estado de Polícia.

---

27 ZAFARONNI e PIERANGELI, *op. cit.*, p. 106-107.

Assim, no contexto do Estado Social Democrático de Direito, portanto, não é possível a penalização de um indivíduo, sem a observância irrestrita dos direitos e garantias fundamentais previstos pelo sistema de garantias jurídico-penais (axiomas garantistas), traduzidos no ordenamento jurídico brasileiro como o Devido Processo Legal.

O DEVIDO PROCESSO LEGAL COMO LIMITAÇÃO DO PODER DO ESTADO E COMO MEIO DE LEGITIMAÇÃO DA PENA

No Estado Social Democrático de Direito, pautado no respeito da dignidade da pessoa humana, bem como no respeito aos direitos fundamentais e conquistas sociais coletivas fundantes desse Estado, o Devido Processo Legal cumpre o importante papel de entrave procedimental ao Estado de Polícia. Serve, como limitação do poder dos agentes estatais e constitui validade à penalidade por eles imposta ao indivíduo "desviante".

Na concepção de Ferrajoli, o Devido Processo Legal servirá como meio de limitação do poder de polícia Estatal, ao tempo em que for aplicado em conformidade com o sistema de garantias oriundo dos seus dez axiomas garantistas, sem os quais, não haverá legitimidade na penalidade imposta ao indivíduo.

Esse conceito será posto em xeque diante de algumas críticas que serão abordadas ao longo desta obra, sobretudo, à luz da práxis jurídica, onde, a inobservância de princípios constitucionais e entraves interpretativos à norma penal e processual penal são mais sentidos.

Sob a égide de um sistema acusatório democrático, o procedimento criminal deve ser previsto normativamente (de forma escrita ou oral), a fim de possibilitar ao indivíduo todas as ferramentas possíveis de utilização para o exercício pleno de sua defesa, traduzidos respectivamente no Princípio da Previsibilidade e da Ampla Defesa[28].

Nesse aspecto, André Ramos define que o Devido Processo Legal tem um caráter procedimental (*procedural due process*), e consiste na qualidade de determinado processo (cível, penal ou administrativo) atender aos princípios do Juiz Natural, Ampla Defesa, Contraditório e Publicidade[29].

O Devido Processo Legal Criminal, por sua vez, consiste na reunião das seguintes garantias: direito ao processo, direito à citação e ao conhecimento prévio do teor da acusação, direito a um julgamento público e célere, direito ao contraditório e à plenitude de defesa, direito de não ser processado e nem julgado por *lex ex post facto*, direito à igualdade entre as partes, direito de não ser processado com fundamento em provas revestidas de ilicitu-

---

28 Previsto no art. 5º da CRFB/88, Inciso XXXIX - não há crime sem lei anterior que o defina, nem pena sem prévia cominação legal e Inciso LV - aos litigantes, em processo judicial ou administrativo, e aos acusados em geral são assegurados o contraditório e ampla defesa, com os meios e recursos a ela inerentes;
29 RAMOS, *op. cit.*, p. 734.

de, direito ao benefício da gratuidade da justiça, direito à observância do Princípio do Juiz Natural, direito ao silêncio, direito à prova, direito de presença e participação ativa nos atos de interrogatório dos demais litisconsorciados passivos, se existirem[30].

Assim, a função do Devido Processo Legal seria, na teoria, proteger o indivíduo transgressor da norma penal, através de um sistema de procedimentos que lhe permitam exercer irrestritamente o seu direito de defesa. Por obviedade, a inobservância deste sistema procedimental culmina(ria) na nulidade de todo o processo penal, e aquele sujeito, ainda que em conflito com o Estado, não pode(ria) ser punido.

Para Ada Pelegrini Grinover, a inobservância da norma de garantia "constitucional-processual" invalida em absoluto o conjunto de procedimentos adotados pelo Estado, pois, em matéria criminal, onde a consequência final do processo é a imputação de uma pena restritiva de direito ou de liberdade, não há espaço para a relativização das nulidades. A razão disto se deve ao fato de que as garantias "constitucionais-processuais" são matérias sensíveis ao interesse público. De maneira que não há que se falar em "análise de prejuízo" uma vez que a aplicação da norma em desconformidade com a CRFB/88 é causa de prejuízo manifesto à segurança jurídica coletiva[31].

---

30 Ministro Celso de Mello, no julgamento do HC 94.016, Segunda Turma do STF, julgado em 16/09/2008, publicado no DJE em 27/02/2009.
31 GRINOVER, Ada; FERNANDES, Antônio e MAGALHÃES FILHO, Antônio, *As Nulidades no Processo Penal*. 2ª ed. São Paulo: Revista dos Tribunais, 1997, p.21.

Contudo, a história nos prova que o Direito segue a linha ideológica-política ditada pelo Estado a fim de conceder validade e legalidade aos atos praticados pelo Ente; não seria, então, o Devido Processo Legal uma parte importante, para não dizer indissociável, dessa engrenagem? Não seria o Devido Processo Legal, o instrumento de legitimidade, por excelência, à convalidação das penalidades impostas pelo Estado ao sujeito?

Nesse mister, o Arcebispo Arns destaca que os anos da ditadura militar se desenvolveram à luz da legalidade, com a conivência interpretativa do Poder Judiciário. Arns destaca que o STF da época defendeu as garantias Constitucionais até então vigentes (CEUB/46) somente nos primeiros anos do regime ditatorial brasileiro. As modificações das estruturas policial e penal foram extremamente sensíveis e marcadas por um profundo desrespeito à dignidade da pessoa humana, com a restrição das possibilidades de impetração do *habeas corpus* e a possibilidade de julgamento por parte de oficiais que haviam participado dos "interrogatórios" feitos em sede de investigação. Aos fenômenos de transformação do ordenamento jurídico durante o período da ditadura militar, Arns atribuiu o cunho de "meios de subversão do Direito"[32].

A CRFB/88, nascida na abertura democrática do Brasil e inspirada pelos movimentos pós-positivistas oriundos do século XX, trouxe para o texto normativo brasileiro, pela primeira vez, a declaração expressa acerca da necessidade de contenção do poder de polícia, ao passo que

---

32 ARNS, *op. cit.*, p. 164-178.

imputou ao Ministério Público a função de fiscalizar não só o respeito à norma fundamental, mas, também, exercer o controle externo da atividade policial que, a rigor, é a primeira, senão a única, faceta do Estado imposta diante das questões penais (inciso VII, do art. 129 da CRFB/88). Nesse ponto, não se deve entender "atividade policial" como apenas o patrulhamento tático e de segurança, mas toda e qualquer atividade que requeira do intérprete do Direito, o *status* policial, isto é, que culmine em uma redução à dignidade da pessoa humana.

Sob a ótica garantista, e se tratando de um processo penal submetido ao crivo e Jurisdição do Estado Democrático de Direito, dentro do sistema acusatório regido pelo *civil law*, o efeito final (imputação da pena) nunca pode ser "desejado" ou "pretendido", sob pena de infringência ao princípio da imparcialidade, haja vista que o Ministério Público como instituição fiscalizadora do Devido Processo Legal, deverá, sempre, ser indiferente diante do "resultado" obtido ao final do processo[33].

En passant, tal premissa é falsa quando analisada à luz do *common law*, pois, de maneira majoritária, no sistema acusatório regido pela tradição, o Estado (refletido na instituição do órgão de acusação) pode e deve adotar uma

---

33 Art. 127 da CRFB/88: O Ministério Público é instituição permanente, essencial à função jurisdicional do Estado, incumbindo-lhe a defesa da ordem jurídica, do regime democrático e dos interesses sociais e individuais indisponíveis.
Art. 129 da CRFB/88: São funções institucionais do Ministério Público: II - zelar pelo efetivo respeito dos Poderes Públicos e dos serviços de relevância pública aos direitos assegurados nesta Constituição, promovendo as medidas necessárias a sua garantia;

posição de parcialidade perante a condução do processo; desse modo, é plenamente possível admitir-se que de fato existe um *effeto* carneluttiano almejado[34]. Mais fácil, também, a visualização da relação "triangular" processual clássica, onde parte autora e ré se enfrentarão sob a tutela do Estado, que garantirá para ambos a "paridade de armas", em homenagem, sobretudo, aos princípios da ampla defesa e do contraditório como direito de influência no resultado.

No nosso sistema, na prática, fica a encargo exclusivo do juiz ter uma posição de imparcialidade diante do conjunto de procedimentos adotados sob sua própria jurisdição conferindo-lhes validade e, por fim, aplicando a penalidade prevista em lei para o tipo penal infringido ou, no caso de inexistência de provas da culpabilidade material do indivíduo, absolvendo-o. Apesar de, como já dito, o texto constitucional prever expressamente a dupla função do Ministério Público (acusar e fiscalizar).

O Devido Processo Legal serve, então, não só como instrumento garantidor de respeitabilidade aos direitos individuais do sujeito em conflito com a lei, mas, substancialmente, como instrumento de convalidação da pena imputada a esse sujeito, refletido nas ações de condução processual do "Estado-Juiz" de Carnelutti que, por fim,

---

34 "(...) *non si possa ragiungere senza uma successione di atti, dei quali il primo rende possibile il secondo, il secondo rende possibile il terzo e così via fino all' ultimo, al quale si ricollega l'effeto volut.*" tradução por Leonardo Campos Victor Dutra, em seu artigo "*Breves lições sobre jurisdição, processo e ação em Fracesco Carnelutti*" publicado em agosto de 2014 pela Revista Eletrônica do Curso de Direito da PUC Minas.

poderão culminar em uma sentença penal condenatória. É, portanto, a legitimação da pena através do conjunto de atos previstos na legislação processual.

A obediência ao Devido Processo Legal serviria, *a priori*, como garantia ao indivíduo de que seus direitos fundamentais foram rigorosamente respeitados pelo Estado no curso de sua condução processual e, portanto, sua pena é justa. A problemática reside no fato de que, não raras vezes, o Devido Processo Legal é seguido no curso de um processo criminal e, não obstante a isto, a pena imposta ao sujeito é indevida, desmedida, porém, legítima.

Ou seja, o Devido Processo Legal poderá estar a serviço da inclinação autoritária do Estado, como, de fato, esteve na época de regimes ditatoriais. Essa problemática, conforme apontado pelo Arcebispo Arns, reside no fato de que o Direito pode ser subvertido à ordem jurídica pretendida pelo Estado, a fim de justificá-la legalmente para a sociedade[35].

Conclui-se, então, que a função declarada do Devido Processo Legal, em matéria processual penal, é garantir que os direitos fundamentais do indivíduo em conflito com o Estado sejam sempre respeitados no curso dos procedimentos adotados em sua condução à penalidade previamente cominada para o tipo penal infringido, bem como, posteriormente, com a eventual interposição de recursos e/ou agravos de execução que visem a readequação

---

35 ARNS, *op. cit.*, p. 169-170.

da pena que se demonstrar desproporcional ao fato delituoso.

Assim, a desfunção ou função não-declarada do Devido Processo Legal seria conferir legitimidade à penalidade imposta a esse sujeito, bastando, para tanto, que o conjunto de procedimentos previstos na lei sejam respeitados, como se a relação existente entre a observância do Devido Processo Legal e o respeito substancial aos direitos fundamentais individuais fosse simbiótica.

O respeito à dignidade da pessoa humana posta em conflito com o Estado não passa, portanto, apenas pela atenção aos procedimentos processuais preestabelecidos. Existe uma ética, uma moral humanista, que é necessária para que a lei cumpra a sua função positivista (contenção do poder de polícia)[36].

Desse modo, à revelia do viés pretendido pela CRFB/88 para o Estado brasileiro, o Devido Processo Legal cumprirá sempre a sua função não-declarada, conferindo validade à pena imposta ao sujeito em conflito com a lei, desde que rigorosamente observado. A sua função declarada, contudo, não se presta a garantir os direitos fundamentais do indivíduo apenado – a este flagrante desrespeito, basta uma curta visitação às penitenciárias brasileiras, repletas de presos preventivos[37].

---

36 ARNS, *op. cit.*, p. 294-297.
37 221.054 presos provisórios, segundo o censo demográfico encomendado pelo CNJ, realizado em Janeiro de 2017. Disponível em: <http://www.cnj.jus.br/noticias/cnj/84371-levantamento-dos-presos-provisorios-do-pais-e-plano-de-acao-dos-tribunais> Acessado em 10 de

No Brasil, o Devido Processo Legal pode ser seguido, a pena pode ser legitimamente cominada, mas ao sujeito apenado pelo Estado brasileiro, nenhum direito fundamental individual é garantido, pois, o respeito à dignidade da pessoa humana não se restringe à observância do Devido Processo Legal; tal preceito normativo é apenas um dos meios de garantia das premissas humanistas que visam a maximização da dignidade da pessoa humana posta em conflito com a sociedade e/ou com o Estado.

novembro de 2017.

A HERMENÊUTICA APLICÁVEL ÀS NORMAS E GARANTIAS FUNDAMENTAIS

Interpretação taxativa das normas restritivas de direitos

A existência meramente formal do Devido Processo Legal não constitui o único problema do sistema jurídico processual penal brasileiro. Conforme abordado ao longo desse livro, a interpretação normativa, em consonância com o texto constitucional e a norma supralegal, também representam uma dificuldade dos atores do Direito.

Para Lênio Luiz Streck, essa "deficiência interpretativa" é oriunda da carência hermenêutica presente na formação da maioria dos estudantes e atores do Direito, proporcionada sobretudo pelo movimento de "esquematização" do Direito, cujo objetivo primordial não é ensinar filosofia jurídica aos estudantes, mas sim aprová-los em concurso público. Isto, em última análise, culminaria na "confusão" que os atores do Direito protagonizam ao analisar os limites de interpretação normativa, o viés semântico de determinados conceitos/princípios e a possibilidade de abstração desse sentido, dentro desse conjunto de limites legais[38].

Conforme abordado por Sebástian Borges de Albuquerque Mello, o surgimento do paradigma positivista advém do contexto histórico do pós-iluminismo, com a ascensão da burguesia também às questões jurídicas. Nasce, portanto, da necessidade de segurança jurídica que essa nova classe econômica e pensadora, possuía diante dos julgadores, majoritariamente ligados à nobreza. O modelo constitucional europeu até então vigente, possuía uma hermenêutica reduzida a aplicação de critérios gerais de interpretação, inerentes à regulação da mínima intervenção das liberdades individuais, não existindo, ainda, uma doutrina voltada à principiologia constitucional[39].

Contemporaneamente, na ótica do Estado brasileiro, a gravidade dos meios utilizados pelo Estado para a repressão de um delito, impõe, necessariamente, a utilização de um controle do poder punitivo estatal por meio dos princípios reguladores do controle penal. Definidos por Cezar Roberto Bitencourt, como "princípios funda-

38 STRECK, Lênio Luiz. *Prova da OAB! Dworkin! Dicas para concurso! Porque o Senai é melhor!*. CONJUR. Disponível em: <http://www.conjur.com.br/2017-jul-27/senso-incomum-prova-oab-dworkin-dicas-concurso-porque-senai-melhor> Acessado em 10 de novembro de 2017.
39 MELLO, Borges de Albuquerque Sebástian. *Ensaio sobre o neoconstitucionalismo*. Revista Jurídica da Presidência, 2012, Disponível em <https://revistajuridica.presidencia.gov.br/index.php/saj/article/view/147> Acessado em 10 de novembro de 2017, p. 4.

mentais de Direito Penal e de um Estado Social e Democrático de Direito", cuja finalidade é assegurar ao cidadão que os atores do Direito orientar-se-ão pelas premissas implícitas ou explícitas, insertas na CRFB/88[40].

Na visão de Bitencourt, os chamados "princípios limitadores" estariam amparados pelo art. 5º da CRFB/88, de maneira implícita ou explícita: princípio da legalidade (art. 5º, II, XXXIX da CRFB/88), princípio da intervenção mínima (*ultima ratio*), princípio da fragmentariedade, princípio da culpabilidade (art. 5º, LVII da CRFB/88), princípio da humanidade (art. 5º, III, XLIX, L da CRFB/88), princípio da irretroatividade (art. 5º, XL da CRFB/88), princípio da adequação social, princípio da insignificância (art. 98, I da CRFB/88), princípio da ofensividade (art. 5º, LXVII da CRFB/88), princípio da proporcionalidade (art. 5º, XLVI, XLVII, XLII, XLIII e XLIV da CRFB/88).

Estes princípios, em conjunto, cumpririam a função de exercer um controle interpretativo voltado para os Direitos Humanos, através de um Direito Penal mínimo, garantista e voltado ao respeito da não-culpabilidade[41].

Essa "interpretação conforme a Constituição"[42] não deve ser exclusividade da matéria penal, mas sim de todo o ordenamento jurídico infraconstitucional, sendo que cabe aos atores do direito operarem o controle difuso constitucional na medida em que interpretam a legislação

---

40 BITENCOURT, *op. cit.*, p. 40.
41 *Ibidem*, p. 40-58.
42 *Verfassungskonforme Auslegung.*

vigente à luz da CRFB/88 e deixam de aplicá-la, ainda que parcialmente, em caso de divergência com o comando da norma fundamental[43].

Levando-se em consideração que a CRFB/88, representa a opção declarada do Estado brasileiro por uma República presidencialista, pautado nas diretrizes do Estado Social Democrático de Direito, do desenvolvimento e respeito das conquistas sociais e individuais[44], os chamados direitos fundamentais, toda e qualquer norma que represente uma restrição a esses direitos deve ser interpretada de maneira taxativa.

Para além das regras de interpretação conforme a Constituição (legislação interna) existem, ainda, as regras de interpretação conforme os Direitos Humanos (internacionais); identificados por Bobbio como direitos positivos universais, oriundos dos movimentos jusnaturalistas[45], os Direitos Humanos reconhecidos internacionalmente – sobretudo no pós segunda guerra mundial – são intransponíveis a título de interpretação, pois, representam o "mínimo" que cada Estado Social Democrático deve assegurar aos indivíduos por si tutelados.

Nesse ponto, os Direitos Humanos representariam a centralidade do Direito Constitucional que, por sua vez,

---

43 STRECK, Lênio Luiz. *Verdade e Consenso*. 4ª ed. São Paulo: Saraiva, 2012, p. 147-151.
44 BONAVIDES, Paulo. *Do Estado Liberal ao Estado Social*. 9ª ed. São Paulo: Malheiros, 2009, p. 202-204.
45 BOBBIO, Norberto. *A era dos direitos*. Trad. Carlos Nelson Coutinho. 7ª ed. Rio de Janeiro: Campus Elsevier, 2004, p. 33-35.

representa a jusfundamentação de todas as normas do ordenamento jurídico brasileiro. Ou seja, a legislação infraconstitucional e sua interpretação, devem, necessariamente, derivar de uma *Verfassungskonforme Auslegung* pautada nos Direitos Humanos, internacionalmente reconhecidos.

André Ramos leciona que a interpretação conforme os Direitos Humanos é complexa, oriunda de uma interdependência e indisponibilidade desses direitos; ao passo que essas regras impedem a análise isolada de determinado direito fundamental, apartado dos demais. A compreensão e aplicação dos Direitos Humanos deve necessariamente ser pautada no direito *sub examine* e nos demais direitos a ele ligados pela indisponibilidade. Indisponíveis porque imprescindíveis a uma vida minimamente digna. Obviamente que, em caso de uma análise de direitos conflitantes, a dignidade da pessoa humana deverá sempre prevalecer[46].

Ramos defende que a técnica tradicional de subsunção[47] não se demonstra satisfativa à segurança da norma de Direitos Humanos, mormente porque tais direitos se mostram regidos por termos "abertos", passíveis de coalisão entre si. Para o autor, a interpretação de Direitos Humanos deve se ater à sua superioridade normativa e à sua força expansiva, por meio de procedimentos fundamentados, pautados em argumentos racionais e embasados, que

---

46 RAMOS, *op. cit.*, p. 102-103.
47 Técnica de interpretação que permite a absorção de determinado conceito jurídico por outro mais abrangente.

poderão ser repetidos em casos similares, gerando, assim, uma previsibilidade jurídica[48].

Levando-se em consideração a superioridade normativa, força expansiva e a vedação do retrocesso (o já mencionado efeito *cliquet*), pode-se concluir que a interpretação concernente às normas de Direitos Humanos deve obrigatoriamente ser voltada a expansão desses direitos, mormente no que se refere à dignidade da pessoa humana.

A interpretação dos Direitos Humanos seria, antes de tudo, o mecanismo de concretização desses direitos; ao passo que o tratamento da norma fundamental em sentido abstrato traduz apenas o seu conhecimento parcial, enquanto que a aplicação de determinado preceito fundamental ao caso concreto, constitui a sua autoafirmação integral.

Por via de consequência lógica, a interpretação das normas que restringem Direitos Humanos, deve igualmente ser restritiva, sob pena de incorrer em uma atecnia hermenêutica, pois os princípios basilares das normas fundamentais ligadas à dignidade da pessoa humana impedem o seu retrocesso.

A resposta ao problema concreto não deve ser "melhor" ou "pior", mas sim aquela que mais se adéqua à Constituição, conforme defendido por Lênio Luiz Streck[49]

---

48 RAMOS, *op. cit.*, p. 105.
49 STRECK, *op. cit.*, p. 620-621.

e aos Direitos Humanos internacionalmente reconhecidos, conforme debatido por André Ramos[50]; pois, conforme concluem ambos os autores, receber dos atores do Direito uma interpretação coerente com a principiologia do texto constitucional e dos Direitos Humanos internacionalmente reconhecidos é também um direito fundamental.

Nessa linha de raciocínio, pode-se dizer que existe uma hermenêutica própria das normas e garantias de Direito, cujo objetivo é a máxima efetividade dos direitos fundamentais reconhecidos internacionalmente e positivados na Constituição.

A taxatividade, enquanto técnica de interpretação, constituirá importante aliada ao princípio da legalidade estrita, norma metalegal, posto que o intérprete da lei deve sempre se submeter ao seu real sentido. Para Ferrajoli, o princípio da legalidade se identifica com a reserva relativa e absoluta da lei, sendo que por "lei" compreende-se a legislação vigente (sentido *lato*, formal) e o significado da norma (sentido estrito, substancial)[51].

Assim, a técnica da taxatividade, por representar um nível de abstração mínimo por parte dos atores do Direito, demonstra ser mais adequada à segurança jurídica do ordenamento, para as normas que representem uma restrição de direitos fundamentais; sendo uma importante aliada à legalidade estrita do sistema de garantias de Ferrajo-

---

50 RAMOS, *op. cit.*, p. 102-103.
51 FERRAJOLI, *op. cit.*, p. 76-77.

li, ao passo que se transmuta, a taxatividade, também em uma norma de garantia à dignidade da pessoa humana em processo penal.

Interpretação extensiva das normas que garantem direitos fundamentais

O neoconstitucionalismo representou importante quebra de paradigma no mundo jurídico, mormente no que se refere às concepções interpretativas da hermenêutica jurídica, refletindo, sobretudo, no pós-positivismo e suas respectivas críticas à higidez normativa, supostamente incompatível com a velocidade das mudanças sociais do mundo contemporâneo e a necessidade de respeito à norma fundamental – *principles and policies*.

Ao iniciar sua crítica aberta ao juspositivismo, Dworkin propõe que o modelo jurídico deve reconhecer os princípios como normas jurídicas, utilizando-se da distinção lógica entre "regras", "princípios" e "política" [52]. Na concepção de Dworkin, os objetivos sociais (política) inseridos no corpo textual normativo de um país (regras), somente terão sido alcançados se o direito refletir a Justiça (moral – princípio), sendo que o juiz estaria sempre legitimado a decidir *contra legem*, desde que isto representasse a função mais importante do sistema jurídico: a de garantir direitos individuais, em detrimento das agressões/

---

52 DWORKIN, Ronald. *Uma questão de princípio*. São Paulo: Martins Fontes, 2000, p. 105-152.

opressões da maioria e do governo (aplicação disjuntiva das regras)[53].

Em contraposição ao pensamento de Dworkin, e ao mesmo tempo, na tentativa de complementá-lo, Robert Alexy defende ser necessária a distinção entre "princípios" e "regras", tendo em vista que, para este autor, os princípios possuem uma composição de "peso" e as regras não. Desse modo, a supremacia dos princípios em detrimento das regras não serviria para responder o problema levantado por Dworkin, quando a colisão – no caso concreto – fosse principiológica. Para tanto, Alexy propõe uma ponderação de pesos entre os princípios, como critério de distinção suficiente ao oferecimento de uma resposta jurídica válida e justa, ao tempo em que a resposta a esta colisão (de princípios), poderia amparar-se na tradição de uma jurisprudência prevalecente (Jurisprudência dos Valores).

A teoria da argumentação desenvolvida por Alexy cunhou o procedimento da ponderação de princípios e valores como instrumento racionalizador da decisão judicial aparentemente, para tão somente justificar o ativismo judicial norte-americano, conforme pontuado por Lênio Streck em seu "Verdade e Consenso"[54].

De um lado, ou de outro, o rompimento parcial com as bases do pensamento kelseniano representou o nasci-

---

53 DWORKIN, Ronald. *Levando os direitos a sério*. Trad. Nelson Boeira. São Paulo: Martins Fontes, 2002, p. 141.
54 STRECK, *op. cit.*, p. 35.

50

mento de Teorias do Direito "híbridas" – de modo a considerar como "fonte" do Direito não somente a norma escrita mas, precipuamente, princípios fundamentais, positivados ou não, estes, sim, imutáveis e intangíveis, em sua concepção dotada de irreversibilidade e que, na visão de Dworkin, servem como garantia ao respeito à individualidade do sujeito perante o Estado.

Para Paulo Bonavides, a maior contribuição da teoria contemporânea dos princípios, desenvolvida expressivamente por Alexy, se traduz na distinção entre "regras" e "princípios" – assim, valores e princípios não se confundem, mas, se complementam, ao passo que "as regras vigem, os princípios valem; o valor que neles se insere, se exprime em graus distintos"[55]. Desta forma, conclui Bonavides, os princípios representam o ponto axiológico de mais alto destaque e prestígio dentro do corpo normativo jurídico de um país, exprimidos de maneira positivada na Constituição, sem a qual, não é dado a nenhum Tribunal interpretar de maneira válida a legislação vigente aplicável ao caso (o que o autor chama de "Hermenêutica dos Tribunais")[56].

André de Carvalho Ramos defende, por sua vez, que a interpretação da norma deve sempre ser voltada aos direitos humanos e à supremacia destes – em detrimento das normas hierarquicamente inferiores –, de maneira a reconhecer a sua força expansiva nas inúmeras áreas do

---

55 BONAVIDES, Paulo. *Curso de direito constitucional*. 23ª ed. São Paulo: Malheiros, 2008, p. 288-289.
56 *Ibidem*, p. 289.

Direito. A interpretação é meio pelo qual se concretizam os direitos humanos, através de um procedimento fundamentado, com argumentos racionais, que deverão ser coerentes em casos similares, a fim de gerar previsibilidade jurídica – estes três elementos, segundo autor, teriam o condão de promover a segurança jurídica da norma e evitar arbitrariedades e decisionismos[57].

A possibilidade de "abertura" interpretativa às normas que representem uma maior promoção da dignidade da pessoa humana se deve, para Ramos, em razão do critério da máxima efetividade (a norma aplicável deve ser aquela de maior proveito ao titular do Direito), da interpretação *pro homine* (que exige que a interpretação dos direitos humanos seja sempre aquela mais favorável ao indivíduo) e ao princípio da prevalência (que defende a escolha no caso de conflito de normas, daquela que mais beneficia o indivíduo), sendo que a norma prevalecente, seja qual caso for, será sempre aquela que mais promova a dignidade da pessoa humana[58].

Lênio Streck, por sua vez, consigna que a expressão "neoconstitucionalismo" perdeu seu sentido semântico no Brasil, haja vista que teria incentivado a importação acrítica de outras teorias *neo* – neoprocessualismo, neopositivismo –, de modo a justificar a incorporação dos "verdadeiros valores" que definem o direito justo, representando, em última análise, a superação do paleojuspositivismo, na medida em que basila as críticas antiforma-

57 RAMOS, *op. cit.*, p. 105.
58 *Ibidem*, p. 108-109.

listas da Escola de Direito Livre e da Jurisprudência dos Interesses (ou Jurisprudência dos Valores). O neoconstitucionalismo estaria inserido, então, no contexto da contradição existente entre o movimento que o originou (pós-Auschwitz) e o resultado prático obtido (protagonismo judicial alexyano). Assim, faz-se necessária a construção de um novo conceito para o direito democraticamente produzido sob a égide de uma Constituição normativa e um exercício de jurisdição íntegro, o que o autor chama de Constitucionalismo Contemporâneo[59].

A crítica muito bem apontada por Lênio Streck, acerca do vazio semântico da expressão "neoconstitucionalismo", sustentada principalmente pela importação em *terrae brasilis* da teoria da ponderação de valores de Alexy, nos leva a refletir sobre as causas desse ativismo judicial crescente e desmedido. Romper com Alexy seria a solução? Talvez isso fosse necessário, mas seria possível? Evidente que não.

Contudo, compreender a teoria proposta por Alexy de maneira a promover uma tradição de formação jurisprudencial íntegra e correlata à Constituição é possível e necessário. Afinal de contas, a Teoria dos Precedentes é uma realidade do nosso ordenamento jurídico e precisa ser enfrentada com o rigor técnico e a seriedade necessária à promoção da tradição de uma jurisprudência que esteja de acordo com as premissas Constitucionais do Estado brasileiro.

---

59 STRECK, *op. cit.*, p. 36-37.

Assim, não é possível aceitar pacificamente a desconstrução contínua de uma jurisprudência consolidada e em conformidade com o texto constitucional, em prol da Jurisprudência de Interesses (tanto criticada por Streck).

Para Eros Grau, é importante estabelecer o limite interpretativo da norma, de modo a se ter sempre em mente que a possível ponderação de princípios possui um "entrave" caracterizado pela dignidade da pessoa humana, cujo significado jamais pode ser derivado. Essa importância interpretativa se deve, principalmente, em razão das lacunas que permitiram a instalação e o fortalecimento de regimes nazistas no passado recente da humanidade, a exemplo de expressões como *"gesundem Volksempfinden"*[60]. Isso, contudo, não se deve somente a este fato. A interpretação do Direito não se dá somente porque a linguagem jurídica é repleta de significados ambíguos, mas, também, porque interpretar e aplicar o Direito são fatores de uma mesma operação, de modo que é necessário exis-

---

60 "Sentimento sadio do povo" – Expressão prevista no § 2º do *Strafgesetzbuch* que permitia a abertura interpretativa quanto a tipificação penal de determinado crime, durante o regime nazista. Do original: "Bestraft wird, wer eine Tat begeht, die das Gesetz für strafbar erklät oder die nach dem Grundgedanken eines Strafgesetzes und nach **gesundem Volksempfinden** Bestrafung verdiet. Findet auf die Tat kein bestimmtes Strafgsetz unmittelbar Anwendung, so wird die Tat nach dem Gesetz bestraft, dessen Grundgedanke auf sie am besten zutrifft." Tradução livre: "Será apenado aquele que cometa uma ação que seja legalmente declarada ilícita ou que, segundo a ideia fundante da norma penal e o **sentimento sadio do povo**, mereça punição. Caso o ato não encontre correspondência imediata em uma norma penal, então a pena correspondente será aquela da norma cuja ideia fundante melhor corresponde à ação praticada."

tir uma previsibilidade desse resultado (segurança jurídica da decisão)[61].

Pois bem. Sob o prisma das teorias contemporâneas do direito, onde a premissa maior é a garantia de respeito aos direitos individuais do sujeito em conflito com o Estado – política traduzida constitucionalmente e internacionalmente –, torna-se perfeitamente possível admitir-se a aplicação de uma interpretação extensiva da norma pelo julgador, caso esse exercício sirva à ponderação de valores defendida por Alexy e ao objetivo final da teoria de Dworkin, conferindo validade "formal" e "material" à norma mais benéfica ao indivíduo, aplicada em um caso concreto.

Nesse ponto, Streck defende que somente por meio da crítica ao direito, fundamentada na crítica hermenêutica do direito, será possível desmantelar a objetificação à qual os dogmas do direito positivo teriam nos submetido. Em sua concepção, um profundo conhecimento sobre a linguagem seria a condição inerente à superação do esquema "sujeito-objeto". Importante, também, notar a ênfase que o autor confere à percepção das diferenças ontológicas existentes entre o que vem a ser "texto" e o que vem a ser "norma" – sendo esta última, o real sentido (significado) da primeira. O domínio da linguagem, filosofia e hermenêutica, portanto, seria crucial para a desconstrução desse esquema que, em última análise, seria o

---

61 GRAU, Eros. *Por que tenho medo dos juízes – a interpretação/aplicação do direito e os princípios*. 6ª ed. São Paulo: Malheiros, 2014, p. 13-33.

principal ponto de apoio dos decisionismos dos nossos Tribunais[62].

Podemos afirmar, assim, que a hermenêutica nos serve como o único meio de garantia à interpretação da norma, conforme o seu sentido mais próximo à realidade de seu significado ou, ainda, de maneira a garantir com mais propriedade a dignidade da pessoa humana e os preceitos constitucionais. Longe disso, a aplicação da norma infraconstitucional (processual) e constitucional, de maneira contrária ao seu sentido ontológico não encontra guarida na legalidade adstrita ao Estado Social Democrático de Direito e, portanto, constitui um "dizer o direito" imbuído de nulidade por excelência.

Sendo assim, na órbita da interpretação/aplicação do Direito Processual (seja qual for a matéria) a crítica hermenêutica não pode ser esquecida. Muito pelo contrário. É necessário que tenhamos um olhar crítico voltado ao real sentido semântico de determinada norma inserida no nosso ordenamento, somente assim poderemos separar o que se coaduna com os princípios constitucionais e pode ser aplicado, daquilo que remonta a um passado inquisitorial, que não encontra correspondência na CRFB/88 e não precisaria sequer de uma "declaração" de revogação para deixar de ser aplicado.

Aury Lopes Júnior, ao comentar o CPP, aborda a presença do princípio da imediatidade no art. 2º e continua sua narrativa a partir do art. 4º, ao iniciar suas considera-

62 STRECK, *op. cit.*, p. 213-226.

ções sobre a investigação preliminar[63]. Em diversos momentos, sua obra critica a "importação" de categorias "próprias" do processo civil, exaltando suas incompatibilidades com as categorias inerentes ao processo penal, contudo, seu livro não traz uma crítica aberta à norma contida no art. 3º do CPP e, as razões pelas quais o processo civil não poderia (ou não deveria) ser utilizado supletivamente ao processo penal quando tal "importação" se demonstre mais benéfica ao réu. O autor fala em "subsidiariedade" e "analogia", entretanto, o texto normativo do art. 3º do CPP fala em "supletividade" e "analogia"[64].

Essa diferenciação é importante na medida em que a analogia importa em uma omissão legislativa e, portanto, em uma integração normativa, ao passo que constitui um sinônimo para a subsidiariedade do texto (na falta de um preceito específico da matéria, utiliza-se subsidiariamente outro conceito). Evidentemente que se tratando de matéria processual penal, a subsidiariedade por analogia jamais pode ser feita *in malam partem*.

A supletividade, por sua vez, pressupõe a coexistência de normas que, interpretadas por meio da subsunção à luz de determinado princípio, culminará na preponderância de uma delas sobre a outra[65]. Tratando-se de matéria

---

63 LOPES Jr., Aury. *Direito Processual Penal*. 12ª ed. , São Paulo: Saraiva, 2015, capítulos III e IV, respectivamente.

64 Cf. *Ibidem*.

65 DIDIER Jr., Fredie (Cord. Geral); CABRAL, Antônio do Passo; PACELLI, Eugênio; CRUZ, Rogério Schietti (Cord. Volume Processo Penal), *Coleção Repercussões do novo CPC v. 13 – Processo Penal*. Salvador: *Editora JusPodivm*, 2016, ZANETI Jr., Hermes, *Aplicação supletiva, subsidiária e residual do CPC ao CPP*, p. 453-461.

processual penal, a subsunção da norma deverá necessariamente ser feita em homenagem ao princípio da dignidade da pessoa humana que, conforme abordado anteriormente, representa a premissa maior do Estado Social Democrático de Direito[66].

Assim, é importante buscar no texto do art. 3º do CPP qual o real sentido dessa norma ou, pelo menos, de que forma ela pode ser aplicada a fim de possibilitar a garantia da máxima dignidade da pessoa humana posta em conflito com o Estado.

Historicamente, o Código de Processo Civil tem sido utilizado – ao longo dos anos – em todas as omissões existentes no CPP. É bem verdade que, a despeito das inúmeras reformas legislativas implementadas com o intuito de suprir todas as "faltas" do CPP, existem institutos processuais que não estão previstos de maneira satisfatória no CPP ou são inexistentes. Talvez o melhor exemplo ilustrativo seja aquele que se refere à forma de processamento dos "Embargos de Declaração" (não há sequer previsão da interrupção do prazo recursal no CPP, de maneira que o art. 1.022 e seguintes do CPC são invocados a suprimirem essa inexistência).

Ao tratar dessa questão específica, Aury Lopes Jr. defende que a aplicação "analógica" do art. 538 do CPC/73 (atual art. 1022), pacifica o entendimento de que os aclaratórios sempre interromperão o prazo recursal penal (as-

---

66 BOBBIO, Norberto. *Estado, Governo, Sociedade, Para uma teoria geral da política.* 18ª ed. São Paulo: Paz e Terra, 2012, p. 93-95.

sim como ocorre no processo civil)[67]. O autor não explica para o seu interlocutor, contudo, porquê isto seria possível ou, ainda, desejado, do ponto de vista processual penal, neste caso; o que se faria necessário, haja vista sua crítica aberta à aplicação subsidiária do CPC ao CPP.

Outra aplicação "analógica" do CPC ao CPP se dá com relação à interposição de Agravo de Instrumento para fins de juízo de reconsideração, da decisão que indefere o pedido de medida protetiva formulado pela vítima, sob a tramitação da Lei Maria da Penha (Lei n° 11.340/06)[68]. Evidentemente que, nos casos onde seja deferida a medida protetiva, cujo descumprimento enseja a prisão preventiva do acusado, o recurso cabível será o *habeas corpus*, entretanto, o legislador pátrio não previu a possibilidade de recurso penal por parte da acusação, quando tal pedido for negado por meio de decisão interlocutória. A opção do legislador de deixar "em aberto" a utilização de ambos os códigos de processo (CPC e CPP), exprimida no art. 13 da Lei n° 11.340/06, é considerada "absolutamente correta" por Alice Bianchini, uma vez que a proteção da vítima deve ser integral e, portanto, independente de formalismos processuais[69].

É importante, ainda, que se faça a distinção entre os sentidos dos termos "analogia" e "supletivo" – haja vista que a analogia pressupõe a omissão para a sua utilização,

---

67 LOPES Jr., 2015, p. 1053.
68 Art. 13 da Lei n° 11.340/06 c/c art. 3° do CPP e art. 1.015 do CPC.
69 BIANCHINI, Alice. *Lei Maria da Penha* – Aspectos *Assistenciais, Protetivos e Criminais da violência de gênero*. 3ª ed. São Paulo: Saraiva, 2016, p. 216-217.

enquanto que a supletividade representa uma soma, ou mesmo uma sobreposição, quando as premissas supletivas forem mais benéficas ao indivíduo em conflito com o Estado, que àquelas definidas pela matéria específica do tema. É, por exemplo, o caso dos Embargos de Declaração em matéria criminal, posto que o recurso está previsto no CPP, contudo, o CPC possui uma regra que amplia garantias ao litigante recorrente (interrupção do prazo recursal), não se trata de uma aplicação análoga, portanto, mas de uma aplicação supletiva (de soma).

A crítica à "importação" das categorias civis para o processo penal não foi exatamente inaugurada por Aury Lopes Jr., mas reflete o posicionamento majoritário atual (principalmente) da doutrina processual penal brasileira. A preocupação, entretanto, ao que parece, não é exatamente com a utilização equivocada dos princípios civis em matéria criminal, mas com a modificação dos preceitos políticos afetos a cada matéria.

Para Elmir Duclerc, os "fenômenos processual penal e processual civil", possuem distinções que os tornam quase que incompatíveis em termos principiológicos, haja vista que a gravidade da natureza da sanção imposta ao fim de um processo penal exige do intérprete a consciência da potencial lesividade desse processo, de maneira que somente uma base principiológica protecionista à dignidade da pessoa humana poderia imprimir para o interlocutor, no curso da aplicação do Direito, as diretrizes inerentes à validade dessa ação penal[70].

---

70 DUCLERC, *op. cit.*, p. 22-24.

Para ambos os processualistas penais anteriormente citados, a problemática seria mais evidente quando analisada à luz dos conceitos de ação e lide, visto que em matéria penal o conceito carnellutiano de "lide" não seria possível, pois não há uma "pretensão resistida" em matéria criminal, ao passo que em matéria processual civil o Estado seria invocado pela parte autora a fim de prestar-lhe a tutela jurisdicional concernente ao seu direito resistido[71], sua pretensão em relação ao réu. Doutro modo, em matéria processual penal não há essa triangularização da relação processual (parte autora, Estado e parte ré), mas, tão somente, a persecução criminal do sujeito acusado pelo Estado – detentor do *potentia puniendi* – que acusa e julga ao mesmo tempo, sem, contudo, buscar o *effeto* almejado (princípio da imparcialidade)[72].

Interessante notar, entretanto, que apesar de não admitirem uma teoria unitária do processo, ambos os autores são uníssonos no sentido de que, sob a égide do sistema acusatório, o juiz deve ser um mero espectador (garantidor do *fair play*), ao passo que a gestão da prova caberá ao órgão de acusação[73]. Tal premissa se consiste um tanto quanto contraditória, haja vista que ambos os autores negam a existência de uma lide em matéria criminal (pretensão resistida), ao passo que admitem o fato de que no sistema acusatório a gestão da prova compete ao órgão de acusação (logo, existe um efeito almejado, uma pretensão). A problemática apontada pelos autores, portanto,

---

71 DUCLERC, *op. cit.*, p. 25.
72 *Ibidem*, p. 25-32.
73 Nesse sentido, LOPES Jr., 2015, p. 90-91 e DUCLERC, *op. cit.*, p. 58.

residiria no fato de que a pretensão do órgão de acusação não seria "resistida" por parte do acusado em um processo penal, precipuamente porque contra o *potentia puniendi* estatal (estabelecido no curso de uma ação penal) não há resistência oponível. É dizer, o sujeito condenado não tem como se opor à execução de sua pena.

Ocorre que contra a execução de uma sentença civil condenatória também não há oposição que possa ser feita por parte do réu condenado, a não ser a interposição de recursos meramente protelatórios. Ora, se a premissa processual maior, seja qual for a matéria (cível ou penal) é a manutenção/ampliação dignidade da pessoa humana torna-se reducionista afirmar que essa dignidade somente se manifesta quando a restrição imposta ao sujeito for de liberdade. Não seria a constrição patrimonial também uma condenação?

Evidentemente que não se trata de comparar uma pena restritiva de liberdade à pena restritiva de patrimônio, entretanto, é necessário aprofundar essa discussão, precipuamente porque o CPP trouxe (no curso de suas diversas reformas) medidas despenalizadoras diversas do encarceramento, algumas, relacionadas à constrição forçosa de patrimônio do sujeito em conflito com o Estado. Nesse caso, não seria perfeitamente possível uma comparação entre os institutos processuais civis e penais? Se o que os diferencia, a grosso modo, é a consequência da condenação, se essa consequência for a mesma (pena patrimonial, por exemplo), esse pensamento não é desalinhado?

De igual sorte, pensar que o princípio da imparcialidade serviria como instrumento garantidor de que o Ministério Público, como órgão acusador e gestor da prova,
agiria de maneira a "não querer" o resultado final da ação
penal, não seria um tanto quanto ingênuo? Trata-se de
uma tarefa humanamente impossível, reconhecida por
ambos os autores quando se referem à figura do Juiz-Ator
(prática do sistema inquisitório). Por qual razão isso seria
cobrado, então, do Ministério Público?

Conforme dito nas linhas acima, parece-me mais coerente com o sistema acusatório, as premissas comuns ao
common law, que colocam na figura do Juiz-Espectador a
responsabilidade pelo cumprimento da imparcialidade do
Estado perante o julgamento do indivíduo acusado do cometimento de um crime, de modo que o exercício de jurisdição deverá sempre garantir a paridade de armas aos
litigantes em processo, pouco importando a matéria em
questão.

Nesse ponto, em específico, discordo dos processualistas acima referidos, para acompanhar o posicionamento integralista dos processualistas Fredie Didier Jr., Antônio do Passo Cabral, Eugênio Pacelli e Rogério Schietti
Cruz, para quem, o NCPC – nascido sob a égide da CRFB/
88 – representa importante modificação no espírito processual brasileiro, na medida em que positiva inúmeros
princípios e normas fundamentais previstas na Constituição, somados à previsão da Teoria dos Precedentes, pedido de produção de prova em caráter antecedente, aprimoramento das regras de impedimento e suspeição do juiz,

prova pericial e perito, entre outras modificações substanciais, importantes à adaptação do processo civil ao sistema acusatório.

Para os autores, a reflexão é possível, haja vista o quanto previsto no art. 15 do NCPC que, a despeito de não trazer uma regra expressa – o que seria despiciendo em virtude da redação do art. 3º do próprio CPP –, evidencia a intenção do legislador de estabelecer um "diálogo de fontes". Diálogo esse que os autores consideram necessário à construção de uma reformulação das premissas processuais penais, sobretudo em razão da radical mudança de paradigmas penais oriunda da jurisprudência, onde a ineficiência técnica fica ainda mais evidente[74].

Ademais, vale remorar que independente do quanto disposto em ambos os códigos de processo (art. 3º do CPP e art. 15 do NCPC), o constituinte originário de 1988, como muito bem apontado por André de Carvalho Ramos, introduziu no ordenamento jurídico brasileiro o mais extenso e abrangente rol de direitos, das mais diversas espécies, explicitando direitos civis e políticos econômicos, sociais e culturais, além de prever inúmeras garantias constitucionais inéditas; de modo que, essa enumeração de direitos e garantias, não é exaustiva, pois, conforme abordado anteriormente, o constituinte de 88 previu expressamente o princípio da não exaustividade dos direitos fundamentais (art. 5º, § 2º, CRFB/88) "ao dispor que os di-

74 DIDIER Jr., Fredie (Cord. Geral); CABRAL, Antônio do Passo; PACELLI, Eugênio; CRUZ, Rogério Schietti (Cord. Volume Processo Penal), *Coleção Repercussões do novo CPC v. 13 – Processo Penal*. Salvador: *Editora JusPodivm*, 2016, p. 5-6.

reitos previstos pela CRFB/88 não excluem outros", o que o autor chama de "abertura constitucional aos Direitos Humanos"[75].

Esta também é a opinião de Lênio Luiz Streck, Dierle Nunes, Leonardo Carneiro da Cunha e Alexandre Freire, para quem, o NCPC representa mais do que "inovações jurídicas", haja vista ter sido o primeiro código processual aprovado em plena democracia. É um código repleto de normas que garantem ao jurisdicionado efetividade quantitativa e qualitativa. Um código que cobra do seu intérprete um "novo" olhar sobre um texto "novo" – nascido para atender à necessidade de mecanismos de racionalidade e previsibilidade dentro do sistema acusatório do ordenamento jurídico brasileiro[76].

Pode-se afirmar, portanto, que não há uma "incompatibilidade" absoluta entre os conceitos processuais civis e penais. Princípios coexistem, na concepção alexyana, em diferentes pesos e medidas, que se adéquam a cada necessidade do caso concreto que, em matéria processual penal, sempre deverá atender ao princípio da primazia da norma mais favorável ao indivíduo, em detrimento do Estado; ou, ainda, caso seja necessário "fugir" do panprincipiologismo criticado por Lênio Luiz Streck, podemos nos voltar para a supremacia da dignidade da pessoa humana, em detrimento de todos os demais e, concluir, a grosso modo, que apenas esse princípio nos basta à justa aplica-

---

75 RAMOS, *op. cit.*, p. 450-451.
76 STRECK, Lênio Luiz; NUNES, Dierle; CUNHA, Leonardo Carneiro; FREIRE, Alexandre, *Comentários ao Código de Processo Civil*. São Paulo: Saraiva, 2016, p. 13.

ção supletiva da norma que mais garanta a dignidade da pessoa humana ao indivíduo em conflito com o Estado.

É importante frisar que a integração da norma infra-constitucional não é passível de tantas críticas no que se refere a conceitos materiais, a exemplo do que ocorre em Direito Tributário (para fins de excludente de ilicitude penal nos crimes tributários), Empresarial (afetos à *compliance* para fins de excludente de culpabilidade nos crimes econômicos) e Civil (no que se refere às indenizações provenientes dos ilícitos cometidos pelo Estado no curso de ações penais).

Essa integração, ou interpretação extensiva das normas que mais garantem direitos individuais ou, ainda, interpretação supletiva da norma que mais sirva à garantia da dignidade da pessoa humana, já existe e é uma realidade no conteúdo material do Direito, de maneira que negar essa coexistência e (co)aplicabilidade normativa no âmbito processual, à luz dos princípios Constitucionais soa como, no mínimo, um contrassenso.

O Constitucionalismo Contemporâneo conceituado por Lênio Luiz Streck propõe o redimensionamento na práxis político-jurídica em dois níveis: no plano da teoria do Estado e da Constituição (com o Estado Democrático de Direito) e no plano da teoria do Direito, mediante a reformulação da teoria das fontes (onipresença da Constituição), na teoria da norma (normatividade dos princípios) e na teoria da interpretação (blindagem à discricionariedade e ao ativismo judicial)[77].

A teoria da interpretação, enquanto blindagem à discricionariedade e ao decisionismo é essencial, para não dizer, substancial, à existência de um Estado Democrático de Direito pleno, onde o indivíduo em conflito com o Estado tenha sempre a segurança de que ao ser colocado diante de um interlocutor estatal (Juiz), sua dignidade e seus direitos fundamentais, serão todos assegurados, em razão de uma interpretação integrada do Direito (normativo, material e processual), condição *si ne qua non* ao exaurimento da culpabilidade desse sujeito, para fins de restrição de seus direitos[78].

Assim, à luz da Constituição e das regras interpretativas que dela decorrem, é possível a aplicabilidade supletiva das normas processuais civis às normas processuais penais, quando: a uma, estas forem omissas; a duas, aquelas representarem uma maior respeitabilidade à dignidade da pessoa humana – premissa suprema do Estado Social Democrático de Direito, comum a todas as matérias do Direito.

---

77 STRECK, *op. cit., p.* 37.
78 Isso porque, a interpretação do direito é um ato de "integração", cuja base é o círculo hermenêutico (o todo deve ser entendido pela parte, e a parte só adquire sentido pelo todo), sendo que o sentido hermeneuticamente adequado se obtém das concretas decisões por essa integração coerente na prática jurídica, assumindo especial importância a autoridade da tradição (que não aprisiona, mas funciona como condição de possibilidade). (STRECK, *op. cit.,* p. 591).

O NCPC E A APLICAÇÃO SUPLETIVA AO CPP

O NCPC, nascido sob a égide da CRFB/88 é um código processual democrático por excelência. Contém inúmeras regras de garantia, positivadas em consonância com os preceitos constitucionais da ampla defesa e do contraditório. Trouxe para o ordenamento jurídico brasileiro regras inerentes à cooperação internacional, limites de jurisdição nacional, acordos processuais, dever de motivação das decisões, dever de proporcionalidade entre as medidas coercitivas e o fato praticado, Teoria dos Precedentes, razoável duração do processo, paridade de armas, regras para a designação do perito, regras exemplificadas para suspeição e impedimentos do juiz, deveres e responsabilidades do juiz, entre outras.

Conforme dito inicialmente, não se pretende ater às discussões inerentes a chamada "teoria geral do processo". A integralidade do sistema processual, em uma concepção supletiva da norma específica, abordado neste estudo, possui bases filosóficas de ordem transcendente à principiologia processual penal, *per si*. O sistema jurídico tende a uma ordem teleológica de princípios, cuja organização sistêmica permite uma visualização do ponto de hereditariedade existente entre direito constitucional e a justiça penal (subdividida em direito penal, processual penal e criminologia)[79]. Desse modo, os direitos fundamentais do Estado brasileiro, enquanto resultado de um longo processo histórico e político, somente podem ser encontrados a partir da leitura do texto constitucional.

Assim, neste capítulo pretendo abordar algumas dessas modificações que considero as mais importantes e necessárias à aplicação supletiva do NCPC ao CPP, como instrumento de maximização da dignidade da pessoa humana, são elas: interligação dos princípios e regras Constitucionais e a aplicação da norma processual conforme a norma constitucional; contraditório como o direito à influência no resultado; proporcionalidade das medidas coercitivas; modificações em matéria probatória (exame de corpo de delito e prova testemunhal); dever de motivação das decisões judiciais e relativização da coisa julgada; modificações das regras recursais e teoria dos precedentes.

A aplicação da norma processual conforme a Constituição

Ao iniciar o texto do NCPC, o legislador teve a preocupação de estabelecer logo no art. 1º as bases originárias

---

79 MELLO, Sebástian Borges de Albuquerque. *Direito Penal: Sistemas, Códigos e Microssistemas Jurídicos*. Curitiba: Juruá, 2004., p. 98-99.

desse código. O Livro I da parte geral do NCPC trata das "Normas processuais civis" sendo o Título Único intitulado "Das normas fundamentais e da aplicação das normas processuais" transparece, somente com a ordem de preferência dada pelo legislador ao título desse primeiro livro, a predileção do texto processual às normas fundamentais previstas na CRFB/88 (art. 1º), cuja função é ordenar, disciplinar e limitar a interpretação das normas processuais (*standards* interpretativos).

Para Douglas Fischer, os princípios constitucionais são vinculantes no âmbito legislativo, material e processual, ao passo que o sistema infraconstitucional precisa necessariamente estar em harmonia com a CRFB/88, dada sua hierarquia e papel central no Estado Democrático de Direito brasileiro[80]. Para o autor, não é necessário se falar em "Teoria Geral do Processo", pois a interligação constitucional dos princípios exige do intérprete da lei uma compreensão sistêmica, com diferenciações pontuais de cada matéria que permitem ou não a supletividade de determinada norma de processo civil à norma de processo penal. Pontua, entretanto, que não há dúvida acerca da necessidade de separação dos ramos do direito processual e o aprofundamento técnico de cada um deles, contudo não se pode negar a interligação de alguns preceitos, mormente no que diz respeito àqueles que pautam as condutas dos atores do processo, razão pela qual o leitor/

80 DIDIER Jr., Fredie (Cord. Geral); CABRAL, Antônio do Passo; PACELLI, Eugênio; CRUZ, Rogério Schietti (Cord. Volume Processo Penal), *Coleção Repercussões do novo CPC v. 13 – Processo Penal*. Cap. 2, FISCHER, Douglas. Salvador: *Editora JusPodivm*, 2016, p. 49-51.

aplicador da norma processual deve ter a exata dimensão de seus significados[81].

Também a esse respeito, vale ressaltar o posicionamento de Eros Grau, para quem não se interpreta o direito como "tiras", "aos pedaços". É dizer, o texto do direito deve ser compreendido como um todo, marcado pelas premissas implícitas, de modo que a interpretação do direito impõe ao intérprete um "caminhar" que levará inevitavelmente à Constituição. O texto de direito isolado, portanto, não tem sentido normativo algum, pois, a interpretação desenrola-se no âmbito de três distintos contextos (linguísticos, sistêmico e funcional). O contexto linguístico é definido pela semântica de cada enunciado normativo, o significado normativo, por sua vez, somente é detectável por meio da contextualização sistêmica da norma que, de igual sorte, somente cumprirá plenamente sua função dentro desse contexto sistêmico[82].

Leonardo Carneiro da Cunha, por sua vez, ao iniciar seus comentários ao art. 1º do NCPC externaliza sua preocupação relacionada à presença do termo "valores" na redação desse artigo, haja vista que conforme defendido pela proposição alexyana, valores se dividem em "bom" e "ruim" e isso representaria uma "abertura" interpretativa para a aplicação dos preceitos constitucionais. Contudo, o autor conclui que admitir tal abertura – dado o contexto geral do NCPC – seria um equívoco interpretativo, haja vista que a CRFB/88 não trouxe para o ordenamento bra-

---

81 FISCHER, *op. cit.*, p. 52.
82 GRAU, *op. cit.*, p. 84-85.

sileiro "valores", mas sim "normas", que são divididas entre regras e princípios, de maneira que a simplificação entre "bom" e "ruim" seria inaplicável à luz da estrita legalidade (prevista no art. 8º do NCPC). O autor preconiza ainda que infringir o art. 1º do NCPC é infringir o próprio texto da CRFB/88, pois a norma inserta naquele artigo é a própria norma constitucional. Nesse caso, se o intérprete negar vigência ao art. 1º do NCPC não estaremos diante de uma negativa de vigência ao texto infraconstitucional, mas sim ao próprio texto constitucional e o recurso cabível, neste caso, será o Recurso Extraordinário (RE) direcionado ao controle de constitucionalidade concentrado[83].

Assim, conforme o criterioso posicionamento de Douglas Fischer, no sentido de que não é necessário se falar em uma "Teoria Geral do Processo" para que tenhamos a exata dimensão das diferenças e similitudes do processo civil e do processo penal, pode-se dizer que à luz da ótica processual penal, somente aquilo que estiver em perfeita isonomia com os princípios basilares do SG proposto por Luigi Ferrajoli poderá ser aplicado de maneira supletiva à regra processual penal.

De igual sorte, faz-se necessário destacar a tese suscitada por Leonardo Carneiro da Cunha, no que toca à inobservância das normas fundamentais processuais como infringência direta ao próprio texto constitucional. Essa ponderação inicial se deve, precipuamente porque

83 STRECK, Lênio Luiz; NUNES, Dierle; CUNHA, Leonardo Carneiro; FREIRE, Alexandre, *Comentários ao Código de Processo Civil*. São Paulo: Saraiva, 2016, p. 27-29.

conforme previsto pelo próprio Douglas Fischer e apontado linhas acima nessa obra, a integração da norma processual civil e penal é matéria bastante controversa e con-
ta com a crítica massiva de importantes nomes do processo penal que são absolutamente avessos à existência de
uma "Teoria Geral do Processo".

Feitas tais pontuações, os autores se debruçam sobre
o Devido Processo Legal (art. 5º, LIV da CRFB/88), refletido para Douglas Fischer como o vetor de interpretação
previsto no art. 7º do NCPC. O texto processual não traz
de maneira discriminada o que vem a ser o "Devido Processo Legal" em um único artigo, contudo estabelece as
diretrizes de aplicação de sua própria norma, com a prevalência do princípio da igualdade no que se refere ao
exercício dos direitos e das faculdades processuais, dos
meios de defesa (ampla defesa plena), os ônus e deveres
das partes (complementado pelo art. 77 do NCPC) e do
zelo pelo contraditório (complementado pelo art. 139 do
NCPC).

Nesse ponto específico, vale destacar que Douglas
Fischer e Leonardo Carneiro da Cunha defendem que a
"paridade de armas" prevista no art. 7º não pode ser interpretada em sua literalidade, haja vista que o princípio
da isonomia não trata sobre igualdade formal, mas sim,
substancial. Por esta razão, é que o efetivo contraditório
deve ser complementado pelas regras contidas no art. 139,
a fim de que seja possibilitado ao juiz tratar os "desiguais"
como "desiguais", na medida em que isso fortaleça condições de equiparação para a parte hipossuficiente da rela-

ção processual; não por outra razão, o juiz nomeará curador especial ao réu preso revel e ao incapaz (art. 72, I e II do NCPC), obstará a realização de citação por via postal em alguns casos (art. 247 do NCPC), determinará a participação do Ministério Público a fim de garantir a proteção do incapaz (arts. 178 a 180 do NCPC) e assegurará a tramitação prioritária para os idosos e portadores de doença grave (art. 1.048 do NCPC)[84].

Além da paridade de armas, o art. 7º prevê expressamente o princípio da jurisdicionalidade, proporcionalidade, ampla defesa, contraditório (pleno), ônus probatório e impulso oficial. Estes seriam, pelo art. 7º do NCPC, os principais corolários do Devido Processo Legal (que não são exaurientes), segundo a sistemática do NCPC.

Os artigos 4º e 6º do NCPC positivam o princípio da razoável duração do processo, previsto no art. 5º, LXXVIII da CRFB/88. Aqui cabe o destaque que o dever de cooperação recíproca entre as partes, contido no texto do art. 6º, não representa uma impossibilidade de aplicação em matéria criminal, pois há que se ter a exata dimensão de que a relação jurídica existente entre as partes é antagônica, quando judicializada em matéria cível e sempre será em matéria criminal. A disposição em questão se dá na medida de que as partes devem ter entre si probidade e boa-fé, competindo ao juiz agir para que essa cooperação mínima seja respeitada, a fim de que se tenha uma resposta judicial dentro do prazo razoável.

---

84 FISCHER, *op. cit.*, p. 52-53 e CUNHA, *op. cit.*, p. 45.

Lênio Luiz Streck, critica o princípio da cooperação processual ao questionar qual seria a sua utilidade e a consequência de sua inobservância no andamento processual. Critica também a positivação desse princípio, por entender que esta seria uma porta de abertura para indesejáveis decisionismos[85].

Para Leonardo Carneiro da Cunha, o princípio da cooperação se traduz no modelo de processo que diminui o protagonismo judicial e objetiva eliminar solipsismos, ampliando o debate e reconfigurando as regras do contraditório, com imposição de deveres a todos os sujeitos do processo, inclusive o juiz que é parte integrante do contraditório processual, também responsável pela cooperação e boa-fé processual (art. 139 do NCPC complementado pela leitura da jurisprudência exarada pelo STJ no julgamento do REsp 1.229.905/MS)[86].

Obviamente que o direito de defesa não pode ser mitigado em prol do princípio da cooperação e nem deve ser, precipuamente porque o art. 7º, como já dito, positivou a existência do contraditório pleno nas relações processuais. Nesse ponto em específico, cabe observar, ainda, que a boa-fé das relações processuais cíveis e criminais não é

---

85 STRECK, Lênio Luiz. *Um debate com (e sobre) o formalismo-valorativo de Daniel Mitidiero, ou: 'Colaboração no processo civil' é um princípio?*, São Paulo: Revista dos Tribunais, 2012. Disponível em: <https://bdjur.stj.jus.br/jspui/handle/2011/79493?mode=full> Acessado em 10 de novembro de 2017.

86 CUNHA, *op. cit.*, p. 44 e Jurisprudência STJ referida REsp 1.229.905/MS. Disponível em: <http://www.stj.jus.br/SCON/jurisprudencia/toc.jsp?livre=1229905&&tipo_visualizacao=RESUMO&b=ACOR> Acessado em 10 de novembro de 2017.

exatamente a mesma, sobretudo em razão da premissa constitucional do silêncio (art. 5º, LXIII da CRFB/88). É dizer, ao acusado em processo penal é dado faltar com a boa-fé objetiva, ainda que por omissão (*nemo tenetur se detegere*). A boa-fé de que trata o art. 6º do NCPC se refere àquela traduzida pela economia processual e pela não interposição de recursos meramente protelatórios que visem tão somente postergar o andamento processual, mas que substancialmente, não possuam qualquer chance de êxito[87].

À luz da matéria processual penal, pode-se afirmar que todos os princípios acima elencados representam premissas importantes ao exercício pleno de defesa do acusado em conflito com o Estado e o respeito máximo à dignidade da pessoa humana desse indivíduo. Pode-se interpretar, com vistas à proteção integral do réu em processo penal, todas as premissas inseridas nos artigos norteadores da ordenação, disciplina e interpretação do NCPC.

A título exemplificativo, podemos dizer que o art. 2º contém os princípios da acusação e da jurisdicionalidade positivados; art. 3º, princípio da vedação da proteção deficiente e da necessária motivação das decisões (na medida que não é dado ao juiz negar-se a apreciar determinada matéria de direito sem, contudo, obrigatoriamente, expor toda a fundamentação jurídica exauriente do seu posicionamento); art. 4º, princípio da razoável duração do processo e da investigação (na medida em que o legislador fala em "atividade satisfativa"); art. 5º, princípio da boa-

87 FISCHER, *op. cit.*, p. 61.

fé processual estendido a todos os atores do processo (além do réu, o Ministério Público, juiz, perito e assistentes); art. 6º, princípio da cooperação como condição à obtenção de uma solução judicial dentro dos limites da razoabilidade (também inerentes a todos os atores do processo); art. 7º, princípio da paridade de armas (inovação que visa instaurar a plenitude do contraditório no sistema processual); art. 8º, princípio da motivação das decisões (pautado no respeito à dignidade da pessoa humana, proporcionalidade, razoabilidade, legalidade, publicidade e eficiência); art. 9º, princípio do contraditório (antecedente à decisão judicial); art. 10º, princípio da plenitude do contraditório (refletido na paridade de armas, antecedente à decisão judicial); art. 11º, princípio da publicidade e fundamentação das decisões; art. 12º, princípio da celeridade e eficiência (refletidos na ordem de preferência estabelecida pelo código para o julgamento de processos conclusos).

Aqui cabe a observação, antevendo o posicionamento crítico à supletividade acima elencada, de que nenhuma norma supramencionada pode ser aplicada ao processo penal se isto representar uma diminuição de garantia ao sujeito acusado ou, ainda, uma restrição à dignidade da pessoa humana em conflito com o Estado, haja vista que conforme repetido à exaustão na presente obra, as normas processuais civis somente podem ser aplicadas em supletividade às normas processuais penais para aumentar a efetividade do SG proposto por Luigi Ferrajoli.

Nesse ponto, imagine a proposição de uma situação prática onde é possível invocar o art. 4º do NCPC para cobrar do Poder Judiciário, a resposta efetiva e célere a um pedido de liberdade provisória formulado pelo réu (art. 321 e seguintes do CPP) ou, ainda, um pedido de progressão de regime (art. 112 da LEP), estagnados na "caixa" de "conclusão" dos juízes de primeiro grau e de execução, como acontece normalmente, e que, via de regra, culminam na impetração de *habeas corpus* para o tribunal. Para nós, advogados, a eleição do referido remédio, muitas vezes, é oriunda da inexistência de prestação da tutela jurisdicional nas vias originárias. Não raras vezes, processos ficam conclusos e pendentes de apreciação de pedidos como esses por meses a fio. Cobrar ao magistrado uma resposta à altura do princípio que se resguarda em matéria criminal (dignidade da pessoa humana) parece-me um ato inerente ao exercício da advocacia.

Nessa mesma linha, quando o art. 6º do NCPC estabelece o "dever de cooperação" entre todos os atores do processo, me parece que dispõe de garantia para o acusado ferramenta importantíssima, na medida em que obriga aos membros do Ministério Público, juízes, peritos e assistentes em geral, a cooperarem com a defesa. Levando para a vida prática, não seria essa também uma proposição desejada ao exercício pleno da ampla defesa para o acusado? Ora, poder cobrar do Ministério Público uma resposta, quando este se nega a fornecer os elementos de investigação que considera "indisponíveis" às partes acusadas ou, ainda, do juiz, que o mesmo atenda aos requisitos formulados pela defesa assim como atende aos da acusação (e em caso de negativa, fundamente à exaustão do art. 489 do NCPC o porquê da inaplicabilidade da paridade de armas prevista no art. 6º do mesmo diploma), indica uma forte presença do sistema acusatório pleno, com ferramentas positivadas na legislação processual que garantem ao acusado a observância de seus direitos fundamentais que, caso sejam transpostos pelos atores do processo, deverão ser detidamente justificados.

Evidentemente que essa análise sucinta visa tão somente demonstrar que é possível sim, a integração do sistema normativo processual civil e processual penal. O que basta ao intérprete é o conhecimento das barreiras interpretativas (*standards* de cada matéria) e um pouco de boa vontade para dialogar com as outras fontes do direito, ao passo que todo e qualquer conflito será redimido pelo texto constitucional, cujo corolário máximo, em matéria penal e processual penal, se define pela garantia da dignidade da pessoa humana.

Assim, não há incompatibilidade axiológica entre as normas processuais do ordenamento jurídico brasileiro, quando tais normas são observadas no plano da interpretação hermenêutica crítica proposta por Lênio Luiz Streck e traduzida por Eros Grau como "contexto linguístico e significado semântico dos enunciados normativos", interpretados de maneira sistêmica e funcional à luz das premissas Constitucionais.

Contraditório como o direito à influência no resultado

A primeira grande contribuição do NCPC, para a efetividade do sistema acusatório, é a positivação do contraditório pleno como direito de influência no resultado obtido. O princípio do contraditório representa a necessária correlação que se deve ter entre acusação e sentença, a fim de que a decisão proferida seja revestida de validade substancial. A decisão judicial deve, necessariamente, ser conecta ao fato tipificado como crime, atribuído a autoria de alguém, considerado culpado pela execução após o juízo exauriente de cognição defensiva.

Segundo Dierle Nunes, a constitucionalização do processo brasileiro representa uma garantia à efetiva participação das partes e impõe limites importantes à atividade jurisprudencial, propiciando um ambiente cooperativo, onde o debate é ampliado com a intenção de provocar decisões bem fundamentadas, em todos os graus de jurisdição, por força do devido processo legal. Desse modo, a construção de uma jurisprudência balizada no debate exaustivo produzido pelas partes, culminará naturalmente na diminuição de recursos e pedidos de reexame, bem como solidificará uma jurisprudência mais robusta a título de precedente.

Para Alexandre Morais da Rosa, o contraditório pressupõe a reserva de igualdade de oportunidades, principalmente no que se refere à gestão da prova. Essa exigência epistemológica do processo penal constituído sob a égide do sistema acusatório se exprime fundamentalmente no SG proposto pelos axiomas garantias de Luigi Ferrajoli[88], já citados neste livro.

O art. 10º do NCPC significa a positivação do "contraditório dinâmico, substancial e comparticipativo" e esse contraditório é diferente daquele que anteriormente existia como uma mera formalidade (oitiva de ambas as partes em audiência, defesa técnica e pessoal etc.). O contraditório substancial consagra o *Einwirkungsmöglichkeit* (possibilidade de influência no resultado do processo) no sistema normativo brasileiro, o que aprofunda os debates sobre o desenvolvimento do conteúdo a ser julgado, os aspectos processuais e a formação de decisões racionais com inexistentes ou reduzidas possibilidades de surpresa e reforma (em sede de recurso)[89].

Uma das heranças do sistema inquisitório vigente em 1941, presente no exercício de jurisdição brasileiro atual, é o instituto da *emendatio libelli* que possibilita ao juiz modificar na sentença, após a integralidade da marcha processual e do exercício de defesa do réu, a tipificação penal que foi dada pela acusação ao fato praticado sem, contudo, oportunizar a manifestação das partes. A aplicabilidade desse instituto estaria atrelada à concepção

---

88 ROSA, Alexandre Morais da. O Processo (Penal) como procedimento em contraditório: diálogo com Fazzalari. *Revista Novos Estudos Jurídicos*, vol. 11, n. 2, julho de 2006, p. 222-223.
89 STRECK, Lênio Luiz; NUNES, Dierle; CUNHA, Leonardo Carneiro; FREIRE, Alexandre, *Comentários ao Código de Processo Civil*. São Paulo: Saraiva, 2016, p. 52-53.

doutrinária ultrapassada de que a defesa deve refutar os fatos narrados na inicial acusatória e não o direito cominado ao acusado, de maneira que não haveria "prejuízo" ao exercício do contraditório (*jura novit curia e narra mihi factum dabo tibi ius*).

Aury Lopes Jr., crítico da *emendatio libelli*, define tal postura doutrinária como reducionista e incompatível com os princípios constitucionais contemporâneos, de maneira que a leitura do art. 383 do CPP somente seria possível à luz da CRFB/88. Nesse sentido, o "prejuízo" da defesa seria manifesto caso esta não fosse novamente intimada a se manifestar nos autos após a modificação da tipificação inicialmente dada aos fatos narrados, haja vista que o exercício defensivo encontra entraves semânticos ligados ao tipo penal imputado a autoria do acusado (tipicidade, ilicitude e culpabilidade), passíveis de modificar substancialmente a tese adotada pelo defensor[90].

A figura da *emendatio libelli* antes do recebimento da denúncia ou queixa, seria ainda mais "esquizofrênica" para o autor, pois o magistrado estaria a violar de maneira frontal o princípio da imparcialidade[91]. Todavia, Aury Lopes Jr., admite que a aplicabilidade do art. 383 do CPP no momento de recebimento da denúncia ou a queixa pode

90 LOPES Jr., 2015, p. 887-897.
91 Considerado por Lopes Jr., como um dos pilares do sistema acusatório, uma verdadeira garantia à adoção do sistema acusatório, de maneira que a complexidade do processo penal exige do seu intérprete uma visão ampla, pois a imparcialidade é garantida pela adoção do sistema acusatório e ambos, pela inércia de jurisdição. Afastando, assim, a figura do Juiz Inquisidor. Cf. *Ibidem.*, p. 255-256.

ser benéfica, e até bem-quista, desde que seja para coibir o fenômeno do *overcharging*[92].

Para Gustavo Badaró, em que pese existir de maneira positivada na CRFB/88 (art. 5º, LV), o contraditório sempre foi "solenemente ignorado pela jurisprudência pátria processual penal", que se valem da regra contida no art. 383 do CPP para julgar conforme os fatos, não importando a definição jurídica (tipo penal) que teria sido enfrentada pela defesa no curso do processo. A despeito da leitura do CPP ser obrigatoriamente remissiva às premissas constitucionais, isso não foi feito pelos atores do direito nesses vinte anos existentes, entre a apresentação da dissertação de mestrado do autor e o contexto atual, conforme o próprio aponta. Conclui, neste ponto, que o art. 10º do NCPC obriga a jurisprudência a mudar a sua forma de agir, pois, à luz da literalidade desse artigo é impossível que seja prolatada uma decisão judicial, valendo-se da *emendatio libelli*, sem que tenha sido dada a oportunidade às partes de se manifestarem[93], o que representa um importante avanço no âmbito processual civil que deve, certamente, ser aplicado no âmbito processual penal.

O autor alerta, ainda, que no âmbito do direito processual penal comparado, diversos são os códigos que pre-

---

92 Fenômeno comum ao sistema do *common law*, onde a acusação apresenta uma denúncia excessiva, com o intuito de obter uma "vantagem" processual, que possa vir a representar outra "vantagem" em sede de barganha. Cf. LOPES Jr., 2015, p. 895.

93 DIDIER Jr., Fredie (Cord. Geral); CABRAL, Antônio do Passo; PACELLI, Eugênio; CRUZ, Rogério Schietti (Cord. Volume Processo Penal), *Coleção Repercussões do novo CPC v. 13 – Processo Penal*. Cap. 12, BADARÓ, Gustavo, Salvador: *Editora JusPodivm*, 2016, p. 357-358.

veem expressamente que, no caso de diversificação do tipo penal imputado aos fatos pela acusação, as partes deverão ser alertadas pelo juiz de tal possibilidade, oferecendo-lhes a prévia manifestação (Alemanha: StPO, § 265; Espanha: *Ley de Enjuiciamento Criminal*, art. 733[94]; Portugal: CPP, arts. 358 e 369[95]).

Aury Lopes Jr. e Gustavo Badaró possuem razão quando dizem que essa reflexão não seria necessária, caso o CPP fosse interpretado à luz da CRFB/88.

Por obviedade e por força das regras básicas de Direito (hierarquia de normas) o princípio do contraditório previsto na Constituição deveria prevalecer sobre a regra processual penal da *emendatio libelli*, de modo que ela somente poderia ocorrer, caso ambas as partes fossem chamadas a se manifestarem no processo. Ocorre que contar com a boa vontade do intérprete brasileiro não tem sido uma tarefa fácil ao dia a dia de quem lida com a aplicação do Direito e o exercício de jurisdição praticado pelos nossos Tribunais.

Assim, sensato é o posicionamento de Gustavo Badaró ao tratar o art. 10º do NCPC como a verdadeira "pá de cal" que ele é, acerca da necessária presença do contraditório substancial enquanto garantia máxima processual, pois, se antes existia uma "lacuna no plano legal" quanto ao conteúdo do contraditório, agora não há mais, de ma-

---

94 Igualmente citada por LOPES Jr., 2015 como "interessante e inspiradora" na nota de rodapé da p. 891.
95 *Ibidem*, p. 373-375.

neira que o art. 383 do CPP deve ser lido em conjunto com o art. 10º do NCPC[96].

Assim, na concepção de Gustavo Badaró, o contraditório se consagra como "direito de influência na decisão" quando, na prática, à luz do art. 10º do NCPC, caso queira o juiz aplicar o art. 383 do CPP, deverão ser ambas as partes intimadas a se manifestarem acerca da nova definição dada aos fatos narrados na inicial acusatória. Sendo que, neste primeiro momento, não há a modificação formal da capitulação dada inicialmente pela acusação, mas tão somente a hipótese de fazê-lo, de modo que no curso de suas respectivas manifestações, as partes poderão convencer o juiz a não aplicar a *emendatio libelli* ou aplicá-la. Ademais, tendo sido apresentado pedido de dilação probatória pelas partes, ante a nova capitulação dada aos fatos, o juiz deverá submeter novamente o processo à instrução, com prova e contraprova para, ao final, decidir-se em prol da *emendatio libelli* ou não, amparado fundamentalmente conforme os argumentos e provas trazidas pelas partes[97].

Posicionamento interessante com relação à aplicabilidade do art. 10º do NCPC ao processo penal (de maneira geral) é o de Franklyn Roger Alves da Silva, para quem, o respeito ao contraditório pleno em processo penal se deve também em razão do art. 6º do NCPC, em razão do dever de cooperação entre as partes e, "entre as partes" do processo, se encontra o juiz, pois é este quem possibilita a

---

96 LOPES Jr., 2015, p. 369.
97 *Ibidem*, p. 371-372.

desintroversão e preza pela formação de um espaço de debate público e democrático. Mas não é só. O autor também adverte que o princípio da cooperação em matéria processual penal somente se aplica, de maneira obrigatória, para o juiz e a acusação, sendo uma faculdade para a defesa e acusado, haja vista ser este o destinatário final da persecução penal, a quem, é assegurado o direito ao silêncio e à não autoincriminação (art. 5º, LXIII, pela CRFB/88 e art. 8º, 2, g, pela CADH)[98].

O dever de cooperação da acusação para com a defesa estaria ligado ao dever de compartilhar informações e evidências do crime, colhidos na fase de investigação ou instrução, que possam vir a contribuir com a tese defensiva, culminar em absolvição ou atenuação da culpabilidade (*duty to disclosure exculpatory evidence*). No que se refere à figura do juiz, Franklyn Silva preconiza que, primeiramente, cumpre a essa figura "descer do pedestal de sua função" para igualar-se ao plano das partes e estabelecer um verdadeiro diálogo com elas, levando em consideração os argumentos trazidos ao seu conhecimento, provocando-as e debatendo, a fim de obter uma resposta efetiva, construída no curso desse processo penal democrático[99].

Assim, ante o dever de cooperação e o contraditório pleno, não pode o juiz decidir-se sobre nenhum aspecto

---

98 DIDIER Jr., Fredie (Cord. Geral); CABRAL, Antônio do Passo; PACELLI, Eugênio; CRUZ, Rogério Schietti (Cord. Volume Processo Penal), *Coleção Repercussões do novo CPC v. 13 – Processo Penal*. Cap. 3, SILVA, Franklyn Roger Alves, Salvador: *Editora JusPodivm*, 2016, p. 72-73 e 75-76.

99 *Ibidem*, p. 75.

processual sem, antes, exercer o dever de consulta (variante do dever de informação), ainda que acerca desse tema lhe seja dado pronunciar-se *ex officio*[100].

Aqui, cabe ressaltar, a leitura interpretativa do dever de cooperação também deve se ater ao fato de que, tratando-se de matéria de ordem pública benéfica ao réu (a exemplo da prescrição), deve sim o juiz se pronunciar sem a oitiva das partes, pois, como dito, ressaltado e repisado ao longo da presente obra, ainda que aplicado supletivamente ao CPP, as regras do NCPC não podem servir como meio de diminuição das garantias do acusado.

Denis Sampaio, por seu turno, traz outra importante observação a respeito das normas positivadas atualmente pelo CPP, o fato de que o contraditório somente aparece no art. 155, em toda a redação do código, quando fala da livre apreciação da prova produzida em contraditório pelo juiz. Disso, duas lições podem ser tiradas, a primeira se refere ao protagonismo judicial na condução do processo penal, a segunda se refere ao "livre convencimento" desse juiz. Ou seja, mesmo quando o contraditório aparece no atual CPP, não é para garantir direito algum às partes, mas, para assegurar ao juiz, que o mesmo pode julgar conforme o seu livre convencimento, apreciando livremente as provas produzidas no curso do processo[101].

100 DIDIER Jr., Fredie. *Curso de processo civili*, 17ª ed. Salvador: *Editora JusPodivm*, 2015, p. 129. Vol. 1.
101 DIDIER Jr., Fredie (Cord. Geral); CABRAL, Antônio do Passo; PACELLI, Eugênio; CRUZ, Rogério Schietti (Cord. Volume Processo Penal), *Coleção Repercussões do novo CPC v. 13 – Processo Penal.* Cap 1, SAMPAIO, Denis, Salvador: *Editora JusPodivm*, 2016, p. 20-21.

O "livre convencimento" do juiz, como conhecemos em matéria processual penal, foi abolido pelo NCPC, pois o seu art. 489, § 1º, IV define que não se considerará fundamentada a decisão (seja interlocutória ou terminativa) que não tenha enfrentado todos os argumentos deduzidos pelas partes que, em tese, serviriam para infirmar a conclusão adotada pelo julgador. Denis Sampaio pontua ainda, que não há protagonismos processuais pela regra do NCPC, pois o art. 7º prevê expressamente a paridade de tratamento e exercício de direitos e faculdades processuais, enquanto que o art. 10º proíbe o juiz de decidir sobre qualquer matéria de direito, sem a oitiva das partes[102].

Nesse ponto, vale ressaltar que o projeto de lei do novo CPP (PL 8.045/2010) também contempla em sua redação[103] a sombra do livre convencimento do juiz (art. 168), entretanto, em vez de trazê-lo de maneira indireta (como ocorre atualmente pela referência "livre apreciação das provas"), o livre convencimento é permitido de maneira expressa, algo absolutamente incompatível com as premissas do sistema acusatório e democrático, abolido atualmente no âmbito da legislação processual civil.

O PL 8.045/2010, conforme pontuado por Denis Sampaio, reafirma, ainda, a figura do juiz protagonista, sendo que a ele é dado facultativamente determinar as diligências sugeridas pelas partes antes de proferir a sentença. Quanto à decisão, permanece a regra atual de que será considerada fundamentada a decisão que "indique os

---

102 *Ibidem*, p. 23.
103 Até o presente momento inalterado nesse aspecto.

motivos de fato e de direito em que se funda a decisão", de modo que não há submissão do juiz à regra do contra- ditório efetivo[104].

O novo CPP, portanto, quando vier, virá a destempo e apartado das necessidades processuais inerentes a cons- trução de um processo penal democrático à luz do sistema acusatório previsto na CRFB/88.

Em direção oposta, o privilégio ao contraditório no NCPC culmina na construção conjunta e democrática do processo, com respeito à fala de todos os envolvidos e a desmistificação da figura do juiz, que não poderá perma- necer silente ante um requerimento formulado por uma das partes, tampouco afirmar sua decisão esquivando-se de enfrentar todos os elementos trazidos pelos atores processuais no curso do processo, sob pena de reconheci- damente não ser esta decisão, fundamentada (art. 489, § 1º, IV do NCPC).

Luigi Ferrajoli define a garantia de submissão à ju- risdição como a principal garantia processual, pois todas as demais garantias processuais decorreriam do sétimo axioma (*nulla culpa sine iudicio*), sendo que essa garantia deve ser compreendida em seu *latu sensu* (*nulla poena, nullum crimen, nulla lex poenalis, nulla necessitas, nulla iniuria, nulla actio, nulla culpa sine iudicio*) e em seu *stricto sensu* (*nullum iudicium sine accusatione, sine probatione et sine defensione*)[105].

---

104 SAMPAIO, *op. cit.*, p. 42-43.
105 FERRAJOLI, *op. cit.*, p. 431-432.

Ora, nessa concepção, podemos afirmar que o contraditório pleno, consagrado enquanto poder de influência na decisão é a expressão máxima da principal garantia processual em seu *stricto sensu*, pois a decisão obtida no exercício de jurisdição desenvolvido com o contraditório irrestrito para ambas as partes é uma decisão muito mais próxima do que podemos compreender como justa e, evidentemente, será uma decisão muito menos susceptível de arguições de nulidade e pedidos de revisão. É, com absoluta certeza, muito mais compatível com o sistema acusatório e todas as garantias substanciais e instrumentais previstas no SG de Luigi Ferrajoli[106].

Assim, ainda que concernente à matéria processual geral, o art. 10º do NCPC representa um importante avanço em direção ao sistema acusatório consagrado pela CRFB/88; de maneira que enquanto instrumento garantidor da maximização da efetividade do sistema de garantias processuais-penais deverá ser incorporado de imediato pela matéria processual penal, pois não é admissível que o contraditório pleno esteja referido na norma processual generalista – onde, teoricamente, o direito privado admitiria a relativização de determinados preceitos fundamentais – e, no âmbito dos direitos públicos indisponíveis afetos à matéria processual penal, a regra seja omissa quanto ao seu conteúdo substancial.

O conjunto normativo trazido pelo NCPC, concernente ao contraditório e suas facetas procedimentais, representa a ascensão do contraditório em sua forma plena,

---

106 FERRAJOLI, *op. cit.*, p. 433.

em detrimento das proposições concernentes à mera formalidade (atualmente vigente no CPP); ao passo que prestigia de maneira inédita a máxima garantia processual do SG proposto por Luigi Ferrajoli, pois amplia o alcance do princípio da dignidade da pessoa humana em situação de conflito com o Estado, garantindo-lhe a última fala no curso do processo e, portanto, o poder de influência na decisão.

Modificações em matéria probatória

Outra importante inovação trazida pelo NCPC se refere às matérias probatórias. Em que pese as modificações terem sido sensíveis e diversas, as mais relevantes para fins de aplicação supletiva e imediata em matéria processual penal, são aquelas que se referem às perícias e a produção antecipada de prova.

Inicialmente, apenas pelas redações do art. 160 do CPP e art. 473 do NCPC, percebe-se o "salto" do legislador no intuito de proteger os litigantes em processo de estudos técnicos e perícias malsinadas. O art. 473 do NCPC é exemplificativo acerca do conteúdo obrigatório do laudo pericial. O § 2º deste mesmo artigo proíbe o perito de exprimir sua opinião, com relação ao laudo emitido e o fato apurado.

Américo Bedê Júnior define como "inadmissível" que a norma processual civil proteja de maneira mais eficiente as partes do que o processo penal. Para o autor, trata de uma inovação que deve ser aplicada de maneira imediata, pois representa para todos os atores envolvidos no processo, principalmente o acusado, uma importante garantia formal que culminará na efetividade de sua garantia substancial, haja vista que o laudo divulgado com informações precisas e respostas coerentes tende a se mostrar muito mais útil ao contraditório pleno[107]. As chances desse laudo ser declarado inválido também diminui, conforme se cobra do perito um estudo mais detalhado.

O autor ilustra que essa carência é real no plano da prática criminal e nos apresenta um curioso exemplo, onde o perito deveria examinar determinadas notas suspeitas de falsificação, tendo respondido ao quesito "aptidão para enganar o homem médio" com o seguinte: "depende da luminosidade e da capacidade do portador da nota para saber se a falsificação é grosseira". A criteriosidade da resposta em tal quesito importaria para fins de fixação da competência para o processamento e julgamento do caso (Súmula 73 do STJ) e seria impossível de ser respondido da forma como foi, à luz do rol taxativo elencado pelo art. 473 do NCPC[108].

Conforme estipulado pelo NCPC, o laudo formulado pelo perito deverá conter a exposição do objeto da perícia, a análise técnica ou científica realizada pelo perito, a indicação do método utilizado, esclarecendo-o e demons-

107 DIDIER Jr., Fredie (Cord. Geral); CABRAL, Antônio do Passo; PACELLI, Eugênio; CRUZ, Rogério Schietti (Cord. Volume Processo Penal), *Coleção Repercussões do novo CPC v. 13 – Processo Penal*. Cap. 09, BEDÊ, Jr., Américo, Salvador: *Editora JusPodivm*, 2016, p. 261-263.
108 *Ibidem*, p. 270.

trando ser predominantemente aceito pelos especialistas da área do conhecimento do qual se originou, a resposta conclusiva a todos os quesitos apresentados pelo juiz, pelas partes e pelo Ministério Público, sendo que o perito deverá utilizar linguagem simples e coerente, indicando sua linha lógica de pensamento, não poderá emitir sua opinião pessoal acerca do objeto examinado e poderá requerer das partes, terceiros e repartições públicas, os documentos necessários à formação de seu parecer. O laudo poderá ser instruído com fotos, mapas, planilhas, desenhos, entre outros.

Bruno Vinícius Da Rós Bodart e Diogo Rezende de Almeida definem o art. 473 do NCPC como sendo "o" marco positivado inerente à abertura da "caixa-preta da perícia", pois ao descortinar os meios e caminhos utilizados em seu trabalho, o perito permite aos atores do processo a avaliação da qualidade de seu estudo, no que se refere ao método científico implementado e à sua correta aplicação ao caso concreto (ou não)[109]. Ou seja, a discriminação precisa do laudo pericial permite a realização do contraditório pelas partes. Permite a realização de estudos complementares, caso seja necessário, que sirvam a elucidação dos fatos ocorridos e, por obviedade, à construção de um processo mais democrático.

Outra importante observação se refere à possibilidade de utilização do art. 473 do NCPC, nos casos em que

---

109 STRECK, Lênio Luiz; NUNES, Dierle; CUNHA, Leonardo Carneiro; FREIRE, Alexandre; BODART, Bruno Vinícius Da Rós; ALMEIDA, Diogo Rezende de, *Comentários ao Código de Processo Civil, cit,* p. 665-667.

seja necessária a realização de exame de corpo de delito indireto (exceção). Sobre o tema, vale destacar a observação trazida por Aury Lopes Jr. no sentido de que, nos casos em que seja necessária a realização do exame de corpo de delito indireto, a perícia feita pelos técnicos deve se apoiar em outros elementos que não "o corpo de delito", tais como depoimentos, fotografias, áudios, gravações, testemunhas etc. Esse laudo seria emitido a partir do cotejo dessas informações. Aury Lopes Jr. critica o fato de que, na prática, esse exame não é feito dessa forma, o que culmina na realização de outras provas (testemunhal, documental etc.) direcionadas a suprir a falta do exame direto.

O autor critica, ainda, a banalização do instituto e firma sua convicção no sentido de que nos crimes que deixam vestígios, o exame de corpo de delito direto seria imprescindível, conforme art. 158 do CPP, somente sendo possível sua substituição no caso de os vestígios terem desaparecido[110]. O pensamento exprimido por Aury Lopes Jr., acima em referência, foi positivado pelo § 3º do art. 473 do NCPC, que permite ao perito se utilizar de outros meios de prova para a emissão do seu laudo.

No caso de ser necessária a excepcional realização de um exame de corpo de delito indireto, por exemplo, soa muito mais protecionista ao contraditório pleno, a formulação de um laudo pericial conforme o art. 473 do NCPC, em detrimento dos arts. 160 e 167 do CPP, pois, conforme a combinação das redações dadas pelos arts. 473, § 2º,

---

110 LOPES Jr., 2015, p. 433-435.

479, 371 e 489, § 1º, IV todos do NCPC, o perito deverá formalizar um laudo discriminado, haja vista que esta prova poderá servir à convicção motivada do juiz, que deve explicitar todos os seus motivos de acolhida (ou não) em sede de sentença, sob pena de incorrer em indesejável omissão.

Há que se destacar, ainda, que o art. 381 do NCPC autoriza o requerimento de produção antecipada de prova pericial, tendo como requisitos: a uma, a impossibilidade da realização do exame pericial em momento posterior ou o fundado receio de seu perecimento; a duas, a certeza de que a produção antecipada dessa prova obstará a possibilidade de propositura da ação[111].

Leonard Ziesemer Schmitz pontua que o requerimento de produção antecipada de prova não foi inaugurado pelo NCPC, pois o CPC/73 já previa essa possibilidade. Contudo, a inovação substancial consiste no fato de que, pela primeira vez, o Código trata o pedido de produção antecipada de prova como uma ação autônoma, que a depender do seu resultado, pode ou não ter um fim em si mesma. O intuito da propositura desse requerimento seria a obtenção de uma "informação" que pode vir a justificar o direito subjetivo que será no futuro alegado. Diz-se, que as partes têm o direito autônomo à produção de prova, tendo em vista que a depender do resultado obtido

---

111 DIDIER Jr., Fredie; BRAGA, Paula Sarno; OLIVEIRA, Rafael Alexandria de, *Curso de Direito Processual Civil, Teoria da Prova, Direito Probatório, Decisão Precedente, Coisa Julgaada e Tutela Provisória*, vol. 2, 11ª ed., Salvador: *Editora JusPodivm*, 2016, p. 286.

com a prova, como consequência, a ação não será sequer proposta[112].

A ação de produção antecipada de prova constitui, portanto, o reconhecimento do direito autônomo à produção de prova, que se realiza com a coleta da prova, em típico procedimento de jurisdição voluntária e se esgota, tão somente com a produção da prova. Não se pretende, com essa ação, a valoração da prova produzida, mas sim resguardar o direito do indivíduo que a propõe[113].

Nessa linha de raciocínio, impende ressaltar que não obstante o ônus probatório pertencer à acusação em matéria processual penal, é de bom tom reconhecer que o réu pode ter o interesse de provar sua inocência e tem o direito de obter do Estado a realização da prova necessária, a exemplo de uma perícia técnica. Assim, a existência de uma ação autônoma, de caráter antecedente à ação penal, que sirva a esse objetivo (produção de uma prova exculpatória) é de uma importância imensurável.

A título exemplificativo, pode-se imaginar um caso concreto onde uma pessoa tenha sido acusada do cometimento do crime de estupro (art. 213 do CP), tendo sido convidado pela autoridade policial para prestar depoimento, o acusado toma conhecimento de que a vítima teria realizado o exame de corpo de delito e, alegando inocência, solicita a coleta de seu material genético a fim de

112 STRECK, Lênio Luiz; NUNES, Dierle; CUNHA, Leonardo Carneiro; FREIRE, Alexandre; SCHMITZ, Leonard Ziesemer; *Comentários ao Código de Processo Civil*. São Paulo: Saraiva, 2016, p. 569-570.
113 DIDIER, BRAGA e OLIVEIRA, *op. cit.*, p. 142.

comprovar que não é o autor do crime. O primeiro laudo pericial realizado pelo departamento de polícia técnica (DPT) é divulgado com resultado de exame "inconclusivo". Repetido o procedimento, o segundo laudo atesta que o material genético do sujeito é compatível com o do autor do crime e a autoridade policial imediatamente representa pela prisão preventiva do sujeito. O advogado de defesa, sabendo da inocência de seu cliente, apresenta em juízo um pedido autônomo de antecipação da produção de prova pericial, com fulcro no art. 3º do CPP e art. 381 do CPC e, aproveitando a chance, indica assistente técnico. O exame é repetido e dessa vez, o resultado do laudo é negativo e, mediante esse requerimento, a prisão preventiva é relaxada e a autoridade policial opina pelo arquivamento do inquérito com relação a esse indivíduo.

A situação é hipotética e pode parecer pouco factível para aqueles que depositam sua fé nos exames periciais que são produzidos unilateralmente pelo Estado.

Contudo, a possibilidade de se requisitar ao Poder Judiciário, de maneira antecipada, a realização de um segundo exame pericial, a fim de excluir os "indícios de autoria" com relação ao acusado e, assim, obstar, inclusive, a eventual propositura de ação penal contra o mesmo, constitui um avanço enorme na direção de um processo democrático, que evidentemente não merece ser desconsiderada pela doutrina processual penal simplesmente por sua origem civilista.

O robustecimento técnico para a produção de prova pericial e a possibilidade de requerimento antecedente de prova (autônomo), previstos no NCPC e acima descritos, encontram correspondência direta com o nono axioma garantista (*nulla accusatio sine probatione*), e indireta com o quinto (*nulla injuria sine actione*) e o sexto (*nulla actio sine culpa*) axiomas; que se referem, respectivamente, aos princípios da verificação (ônus probatório), materialidade (exterioridade da ação) e da culpabilidade (responsabilidade subjetiva e pessoal) dentro do sistema de garantias.

Conforme debatido por Luigi Ferrajoli, a existência de uma "verdade substancial" dentro de um processo penal constitui uma utopia impossível de ser atingida. Nesse mister, o sistema de garantias visa a construção de uma "verdade processual", onde os fatos narrados são verificáveis ou não, dentro do exercício de jurisdicionalidade[114]. Portanto, a constituição de instrumentos probatórios robustos torna-se indissociável do objetivo garantista, ante a construção de um processo penal democrático e racionalmente factível, pois o conceito de "verdade processual" é fundamental para a elaboração de uma Teoria do Processo, bem como para a justificação prática do controle racional dos procedimentos adotados no curso de uma ação penal[115].

Dessa forma, o art. 473 do NCPC, que trata das especificações da prova pericial, consiste em uma ferramenta poderosa ao sistema de garantias e a busca pela "verdade

---

114 FERRAJOLI, *op. cit.*, p. 38-39.
115 *Ibidem*, p. 40.

processual" – que se pode ser verificada através do conjunto probatório oferecido nos autos. A obrigatoriedade de robustez técnica para a elaboração do laudo também é uma ferramenta importante, na medida em que possibilita a verificação de todos os elementos levantados pelo perito quando da elaboração de seu estudo técnico. A possibilidade de requerimento antecedente com o fito de refutar ou constituir determinado juízo probatório (art. 381 do NCPC), de igual sorte, se demonstra essencialmente ligada ao sistema acusatório consignado pela CRFB/88.

A previsibilidade de apreciação discriminada da prova pericial produzida, pelo juiz, quando da formação de seu convencimento motivado figura como a materialização do objetivo maior do SG proposto por Luigi Ferrajoli (arts. 479 e 489, §1°, IV do NCPC), que é assegurar a construção de um processo penal democrático, com regras preestabelecidas, pautado no sistema acusatório e na legalidade estrita.

A produção técnica de prova diminui a possibilidade de decisões apartadas da realidade factível processual, por obviedade, a positivação desse procedimento aumenta ainda mais as chances de construção de uma decisão eficaz (do ponto de vista técnico). Se produzida em caráter antecedente e utilizada para dispensar a propositura de uma ação penal com relação a um dos acusados, ou para obstar o *overcharging*, ainda que indiretamente, tal instrumento corrobora de maneira substancial para o aperfeiçoamento do sistema acusatório, prestigia diretamente os axiomas garantistas ligados à materialidade, culpabilidade e verificação, em homenagem, sobretudo, ao exercício democrático de jurisdição e à construção de um processo penal tendente a uma maior respeitabilidade a dignidade da pessoa humana.

Por tais representações, a norma contida nos arts. 473 e 381 do NCPC devem ser incorporadas supletivamente ao CPP a fim de possibilitarem a realização de estudos periciais mais completos e, portanto, mais compatíveis com o sistema acusatório vigente, pois a riqueza de detalhes periciais prestigiará, ainda que indiretamente, o princípio do contraditório como direito de influência no resultado.

De igual sorte, os arts. 479 e 489, § 1º, IV do NCPC, que tratam da forma de apreciação das provas periciais pelo juiz, também devem ser incorporados supletivamente ao CPP, haja vista que consignam expressamente o dever de motivação das decisões judiciais, premissa constitucional que, não raras vezes, fundamenta a interposição de inúmeros recursos direcionados aos Tribunais Superiores.

Dever de motivação das decisões judiciais

Um dos importantes pilares do sistema acusatório é o dever de motivação das decisões judiciais, exprimido pelo princípio *reddere rationem* das decisões judiciárias, que garante a natureza cognitiva/racional da decisão, de modo a vincular o exercício de jurisdição à estrita legalidade e às provas produzidas em instrução que servem a justificá-la[116].

O dever da motivação das decisões judiciais se encontra positivado no ordenamento jurídico brasileiro no art. 93, IX, da CRFB/88 e, conforme pontuado por Aury Lopes Jr., constitui importante ferramenta ao controle de eficácia do contraditório e do direito de defesa, a fim de comprovar a existência de prova suficiente à desconstituição da presunção da inocência do sujeito acusado de um crime. Além de ser um mecanismo de controle específico para cada caso, constitui, também, o entrave máximo do poder de polícia do Estado, que não pode punir ninguém sem o exercício pleno e irretorquível da razão, amparada pelos atos praticados no curso de um processo previamente estabelecido[117].

Em razão da supramencionada norma constitucional, inúmeras leis foram criadas com o intuito de reafirmar a indispensabilidade da motivação das decisões judiciais, sobretudo em matéria penal, a exemplo das leis nº 11.689/08, 11.719/08 e 12.403/11, que inseriram no CPP artigos que exigem do juiz o pronunciamento de decisões suficientemente motivadas.

Todavia, em que pese a existência de três reformas importantes no texto do CPP, nenhuma lei foi produzida no âmbito processual penal com o escopo de definir o que seriam consideradas situações de fundamentação insufici-

116 FERRAJOLI, *op. cit.*, p. 497.
117 LOPES Jr., 2004., p. 253-256.

ente à validade da decisão. É dizer, a doutrina disse o que era considerado "motivação da decisão" a partir de uma perspectiva racional, o CPP estabeleceu que tal regra seria imprescindível a algumas decisões, contudo, não houve a delimitação positivada do que seria tido como deficitário em sede de fundamento jurídico. Isto abriu caminho para interpretações esdrúxulas dos atores do direito no sentido de que "o juiz não está obrigado a enfrentar todas as teses de defesa, mas, tão somente àquelas que julgar necessárias a fundamentar a sua decisão"[118].

A adequação do ordenamento processual brasileiro ao princípio *reddere rationem* das decisões judiciárias, mediante a exemplificação do que será considerado "decisão não fundamentada" ou "insuficientemente fundamentada" somente ocorreu com a edição do art. 489, *caput* e §1º do NCPC, que estabeleceram de maneira discriminada os elementos essenciais da decisão e os entraves axiológicos de sua fundamentação, respectivamente.

Os vícios elencados pelo § 1º do art. 489 do CPC deixam bastante claro para o leitor que a decisão judicial (seja qual for a sua natureza) não será considerada fundamentada se incorrer em uma das seis hipóteses elencadas pelo legislador[119].

---

118 Ministro Carlos Velloso (AI 417.161-AgR, Segunda Turma, DJ 21.3.2003) e precedentes citados (RE 426.059, 422.154-AgR, 426.058-AgR, 426.060-AgR e 433.236-AgR). Outros: HC 142581, HC 133680 e RHC 130742.
119 § 1º Não se considera fundamentada qualquer decisão judicial, seja ela interlocutória, sentença ou acórdão, que:
I - se limitar à indicação, à reprodução ou à paráfrase de ato normativo, sem explicar sua relação com a causa ou a questão decidida;

Rogério Schietti Cruz defende que o dispositivo do §
1º do art. 489, do NCPC veio em "boa hora", também para
o processo penal, traçando um paralelo para a atividade
jurisdicional por si exercida na Sexta Turma do STJ, onde
percebe a enorme quantidade de decisões consideradas
formalmente viciadas, sobretudo em *habeas corpus* e em
recursos em *habeas corpus*. O autor ressalta os dados levantados pelo relatório final do projeto de pesquisa "Pa-
naceia universal ou remédio constitucional? *habeas corpus* nos Tribunais Superiores", coordenado pelo professor
Thiago Bottino, cuja análise recai sobre inúmeros *habeas
corpus* e recursos em *habeas corpus* julgados pelo STJ e
STF (de 2008 a 2012)[120].

Entre as conclusões apontadas pelo relatório, Schietti destaca que 54,30% dos recursos levados ao STJ dizem
respeito a equívocos relacionados à progressão de regime,
prisão cautelar, fixação de regime inicial de cumprimento
de pena, erro na dosimetria da pena e excesso de prazo.
Os crimes relacionados ao tráfico de drogas representam

II - empregar conceitos jurídicos indeterminados, sem explicar o motivo
concreto de sua incidência no caso;
III - invocar motivos que se prestariam a justificar qualquer outra decisão;
IV - não enfrentar todos os argumentos deduzidos no processo capazes de,
em tese, infirmar a conclusão adotada pelo julgador;
V - se limitar a invocar precedente ou enunciado de súmula, sem
identificar seus fundamentos determinantes nem demonstrar que o caso
sob julgamento se ajusta àqueles fundamentos;
VI - deixar de seguir enunciado de súmula, jurisprudência ou precedente
invocado pela parte, sem demonstrar a existência de distinção no caso em
julgamento ou a superação do entendimento.
120 DIDIER Jr., Fredie (Cord. Geral); CABRAL, Antônio do Passo; PACELLI,
Eugênio; CRUZ, Rogério Schietti (Cord. Volume Processo Penal), *Coleção
Repercussões do novo CPC v. 13 – Processo Penal*. Salvador: *Editora
JusPodivm*, 2016, p. 341-343.

18,4 % desse número, e o Tribunal do Estado de São Paulo é o recordista em pedidos de revisão das decisões por erro (43,8 %)[121].

Para Schietti, esses dados apenas refletem aquilo que é perceptível no exercício jurisdicional dos Tribunais Superiores, o fato, de que "há uma pletora de situações concretas", mormente no que se refere à prisão preventiva, dosimetria da pena e fixação de regime de pena, que não têm merecido, por parte significativa da magistratura nacional, o atendimento aos requisitos formais de validação do ato decisório.

Decorre disto, a importância do § 1º do art. 489 do NCPC, que, embora positive apenas os vícios corriqueiros da jurisprudência pátria, reforça um comando normativo constitucional que, até o momento de edição do NCPC, não possuía uma correspondência relevante, em nenhum dos códigos processuais até então vigentes.

O inciso I, do § 1º do art. 489 estabelece que não será considerada devidamente fundamentada a decisão que se limitar à indicação, reprodução ou paráfrase de ato normativo, sem explicar sua relação com a causa ou a questão decidida. O "ato normativo" é a redação que determinada norma recebe, de maneira que para interpretar esta norma, o magistrado deve extrair o seu sentido e expor racionalmente, seus motivos de conclusão acerca de determinada hipótese de aplicação da referida norma.

Ao fazer isto, o juiz atribui um valor ao ato normativo invocado e este valor precisa ser necessariamente explicitado para os demais atores processuais. Há que existir uma correlação entre a norma e os fatos evidenciados no curso do processo por meio da atividade da instrução, em contraditório. Assim, ao analisar as razões de aplicabilidade de determinado preceito normativo, o magistrado deve correlacionar o nexo existente entre os argumentos de fato e de processo (produzidos em instrução) que dão supedâneo à invocação da norma que se pretende aplicar no caso concreto, seja para afastar determinada tese ou prova, seja para considerá-la válida à influência de seu convencimento[122].

O inciso II do § 1º do art. 489, por sua vez, preconiza que não se considerará fundamentada a decisão que emprega conceitos jurídicos indeterminados, sem explicar o motivo concreto de sua incidência ao caso. Entende-se por "conceitos jurídicos indeterminados" os textos normativos que são compostos por termos vagos, que possibilitam uma maior abertura semântica de seu real significado e, por esta razão, exigem do intérprete da lei maior criteriosidade em sua aplicação, a exemplo de "tempo razoável", "grande repercussão social", "repercussão geral", "ordem pública" etc. Essa indeterminação semântica pode se restringir a conceitos como "garantia da ordem pública", entretanto, ela também pode atingir o texto normativo e, nesse caso, ela compõe uma cláusula geral da lei (uma norma *erga omnes*). Quando isso ocorre, o magistrado deve tecer uma fundamentação muito mais cuidadosa,

---

122 DIDIER, BRAGA e OLIVEIRA, *op. cit.*, p. 335-337.

não basta a mera reprodução da norma, o intérprete da lei deve, necessariamente, explicar de maneira discriminada porque aquela norma se aplica ao caso em apreço, caracterizando-a, antes as especificidades do caso concreto. Assim, não basta a adição de expressões como "garantia da ordem pública" para fins de decretação de uma prisão preventiva, pois o magistrado deve correlacionar as características que compõe esse preceito, se é que elas existem[123] e a forma como elas se amoldam ao caso, a fim de possibilitar a conclusão adotada pelo magistrado.

Nesse ponto específico, merece comentário, o posicionamento de Eugênio Pacelli e Douglas Fischer, para quem a "garantia da ordem pública" fora construída no cenário da antecipação da culpa, da antecipação da fuga, entre outros prognósticos pessimistas, cujo intento era tão somente conceber ampla discricionariedade aos órgãos de persecução penal. A ordem pública seria, então, a ordem emanada pelo Poder Público[124]. Os autores defendem que a abertura semântica da norma insculpida no art. 312 do CPP não invalida a sua aplicabilidade no sistema acusatório adotado pela CRFB/88, contudo, afirmam de maneira categórica que caberá ao intérprete demonstrar discriminadamente a ocorrência das hipóteses autorizadoras (binômio: crime grave + possibilidade de reiteração

---

123 Para Guilherme Souza Nucci, *"é a indispensabilidade de se manter a ordem na sociedade, que como regra é abalada pela prática de um delito"* refletida no trinômio gravidade da infração + repercussão social + periculosidade do agente (NUCCI, Guilherme de Souza. *Manual de Processo Penal e Execução Penal*. São Paulo: Revista dos Tribunais, 2008., p. 605).
124 PACELLI, Eugênio; FISCHER, Douglas, *Comentários ao Código de Processo Penal e a sua jurisprudência*, 6ª ed. Revisada e atualizada, São Paulo: Atlas, 2014, p. 656.

delitiva) e rechaçam, ainda, a justificativa retórica de existência do "clamor público", figura de linguagem que para os autores não se adéqua axiologicamente àquela norma[125].

Pois bem. O inciso III do § 1º do art. 489 do NCPC consigna que não se considerará fundamentada a decisão que invocar motivos que se prestariam a justificar qualquer outra decisão. Pareceria óbvio. Entretanto, a realidade jurisprudencial levou o legislador pátrio a registrar aquilo que seria evidente ao intérprete da lei, pois as decisões devem, necessariamente se relacionar com o caso dos autos e os argumentos, provas e documentos, inseridos no contexto desse processo determinado, a que se pretende julgar. Ordinariamente, na práxis, nos deparamos com decisões "modelos", pré-moldadas com o intuito de acelerar o andamento do exercício jurisdicional. Não é raro obter do mesmo juiz, decisões idênticas (a exceção do número do processo, nome das partes e data), para casos que em nada se comunicam um com o outro. Um bom exemplo disso são os requerimentos de revogação das prisões preventivas que são submetidos aos juízes de primeiro grau, no curso de uma ação penal, cujas negativas vêm, curiosamente, acompanhadas do fundamento "indefiro o pedido por falta de amparo legal", sem que seja estabelecida a menor relação entre o indeferimento, o pedido, e a suposta ausência de requisitos autorizadores legais para a incidência do instituto.

---

125 PACELLI e FISCHER, *op. cit.*, p. 657-658.

O inciso IV do § 1º do art. 498 do CPC, traz a contribuição mais especial para o processo penal, dentre o rol exemplificativo de decisões que não serão consideradas suficientemente fundamentadas. Esse inciso, estabelece que não será considerada fundamentada a decisão que não enfrentar todos os argumentos deduzidos no processo, capazes de, em tese, infirmar a conclusão adotada pelo julgador.

Para Fredie Didier Jr., este inciso positivou a obrigatoriedade de observância pelo magistrado do contraditório e da ampla defesa, produzidos no curso do processo, de sorte que os argumentos deduzidos em juízo não podem simplesmente ser ignorados, sob pena de violação ao contraditório como direito de influência (também previsto no NCPC). Nesse sentido o jargão "o juiz não está obrigado a enfrentar todas as teses e alegações das partes, se já encontrou motivação suficiente à sua decisão" constitui um mau costume e um erro técnico que aniquila as garantias constitucionais (art. 5º, LV da CRFB/88)[126].

Assim, à luz do quanto disposto no inciso IV do § 1º do art. 489 do NCPC, se a decisão judicial não enfrenta todos os argumentos da tese derrotada, essa decisão deve ser considerada inválida por ausência de fundamentação, pois contraria frontalmente o princípio do contraditório e não observa a regra da motivação da fundamentação das decisões, estando sujeita ao controle judicial pela via dos embargos de declaração[127].

---

126 DIDIER, SARNO e OLIVEIRA, *op. cit.*, p. 342-344.
127 *Ibidem*, p. 344.

108

A exigência de enfrentamento de todas as teses arguidas nas instâncias ordinárias para fins de fundamentação suficiente é imprescindível ao respeito ao duplo grau de jurisdição, haja vista que a decisão omissa com relação a determinado ponto aduzido pela defesa impossibilita o pedido de reexame nas instâncias extraordinárias, em razão da vedação da "supressão de instância".

Assim, caso a decisão seja reiteradamente omissa com relação aos argumentos produzidos no processo venha a ser cassada em sede de segundo grau, o retorno dos autos ao *status quo* anterior é medida que se impõe, de modo que, deverá o magistrado de piso renovar a sua decisão, dessa vez, enfrentando discriminadamente todas as teses suscitadas em sede de contraditório.

Lênio Luiz Streck, ao comentar a redação do art. 489 do NCPC, pontua que uma sentença é um ato de decisão e não uma escolha, de maneira que reflete um ato político, na concepção de Dworkin; Enquanto ato de poder, praticado em nome do Estado, não é uma mera opção entre uma ou mais teses de Direito[128].

Assim, sendo o ato decisório um fenômeno racional, seu nível de argumentação deve ser feito no plano estrutural e não valorativo. Para Lênio Luiz Streck, o inciso IV do § 1º representa o ponto fulcral de respeito ao contraditório como direito de influência, na medida em que exige do juiz o enfrentamento de todos os argumentos levantados pela parte que, em tese, poderiam levá-lo a adotar a

---

128 STRECK, NUNES, CUNHA e FREIRE, *op. cit.*, p. 681.

tese suscitada. É direito fundamental assegurado a todos os litigantes em processo, que possuem a garantia de verem todos os seus argumentos examinados e rebatidos pelo órgão julgador. A parte tem o direito de saber que os seus argumentos foram considerados pelo magistrado com a seriedade e o comprometimento que o exercício da função jurisdicional exige para ser considerado válido[129].

Em matéria processual penal, onde o controle das decisões judiciais, por meio da motivação coerente, deve ser ainda mais rigoroso, a aplicabilidade do inciso IV do § 1º do art. 489 do NCPC se faz imprescindível, haja vista que essa regra processual obriga o julgador a enfrentar toda a tese de defesa construída sob a égide do contraditório, demarcando, assim, importantíssimo limite axiológico para a decisão judicial.

Isto servirá tanto para o controle do respeito aos princípios do contraditório e da ampla defesa, quanto como à observância do contraditório como direito de influência, e em última análise possibilitará a eventual interposição recursal balizada na desconstrução dessa decisão, garantindo, assim, a efetiva prestação jurisdicional em sede de duplo grau.

O inciso V do § 1º do art. 489 do NCPC diz respeito às decisões que não se considerarão fundamentadas, caso invoquem procedente ou enunciado de súmula, sem identificar seus fundamentos determinantes, nem demonstrar

---

129 *Ibidem*, p. 685.

que o caso concreto se adéqua perfeitamente aos moldes da fundamentação da decisão paradigma invocada.

No que se refere a este inciso, Lênio Luiz Streck argumenta que a correlação entre o "DNA" da decisão paradigma e do caso em julgamento, consistia uma antiga reivindicação da hermenêutica, satisfatoriamente atendida pelo legislador; isto é, a realização obrigatória por parte do magistrado das técnicas de *distinguish* para a invocação de determinado precedente, como argumento de sua decisão. Para o autor, é imprescindível considerar os limites de incidência e sentido, empregados por uma tradição jurídica que pode, ao final, romper com a possibilidade de sua aplicação, pois enunciados jurisprudenciais somente proporcionam uma resposta correta e adequada à Constituição, se observados com um olhar hermenêutico. O recurso a um enunciado de jurisprudência, sob a ótica do sistema acusatório e democrático, poderia servir tão somente ao conforto da fundamentação jurídica da decisão, é dizer, seria uma espécie de fundamentação de segunda categoria (*dictum*), de modo que nunca pode figurar, *per si*, como cerne fundante da decisão.

Nesse ponto, é importante destacar que à luz da Teoria dos Precedentes, enunciados jurisprudenciais não possuem força vinculante, não devem ser seguidos indiscriminadamente, e possuem procedimento próprio para a sua formação, validação e aplicação; sendo que, no curso do referido procedimento, ficam devidamente estipuladas as hipóteses em que tal enunciado poderá servir como uma diretriz interpretativa, mas, nunca, como verdade inconteste, o que será debatido no tópico seguinte da presente obra.

Assim, as chamadas "decisões paradigmas" não podem ser introduzidas no texto da fundamentação da decisão, sem que o magistrado faça, necessariamente, o exame de confrontação com o caso concreto (*distinguish*). A ausência de não realização da distinção (pelo método de contraposição) aliada à invocação de precedentes cuja *ratio decidendi* em nada se coadune com o caso analítico culminará, inevitavelmente, na invalidação da decisão[130].

O último inciso do § 1º do art. 489 do NCPC, o inciso VI, também trata de controle de aplicação dos precedentes, na medida em que não se considerará fundamentada a decisão que deixar de seguir enunciado de súmula, jurisprudência ou precedente invocado pela parte, sem demonstrar a existência de distinção no caso em julgamento ou a superação do entendimento.

Em direção oposta ao *distinguish* que deve ser feito para a aplicação de um precedente, a não aplicação levará em consideração também o exercício de contraposição do caso *sub examine* e do caso paradigmático (*distinguish*) a fim de demonstrar por meio da comparação, os motivos pelos quais os casos são distintos e, portanto, a orientação jurisprudencial exarada pelo precedente não deve ser seguida.

---

130 DIDIER, SARNO e OLIVEIRA, *op. cit.*, p. 346-347.

Entretanto, além do *distinguish*, o inciso VI introduz no ordenamento jurídico brasileiro a ponderação de aplicação de precedentes conforme as regras de *overruling* e *overruled*, isto é, conforme o precedente vai gradativamente perdendo a sua força vinculante (*overruling*) e posteriormente é substituído por outro (*overruled*). A grosso modo, pode-se dizer que estas seriam as regras de *common law* que determinam a revogação de determinado precedente (que podem ser implícitas ou explícitas).

Da leitura dos incisos V e VI do § 1º do art. 489 do NCPC conclui-se que ao invocar um precedente: a uma, decisão deverá por meio do *distinguish* explicar que a decisão paradigma se aplica ao caso concreto por possuírem similitudes de ordem substancial; a duas, a decisão deverá demonstrar por meio do *distinguish* que a decisão paradigma invocada pela parte não comporta nenhuma semelhança com o caso concreto, explicitando essas diferenças ou, se for o caso de superação do entendimento trazido ao debate processual, demonstrar por meio do *overruling* ou do *overruled* que esse precedente foi superado/substituído por outro[131].

Desse modo, o art. 489 do NCPC, positiva o princípio da jurisdicionalidade, sétimo axioma garantista, de maneira a contribuir com a previsibilidade da construção de uma decisão substancialmente ligada à "verdade processual" defendida por Luigi Ferrajoli[132]; ao passo que diminui exponencialmente as chances de uma decisão aparta-

---

131 DIDIER, SARNO e OLIVEIRA, *op. cit.*, p. 349.
132 FERRAJOLI, *op. cit.*, p. 42-43.

da de sincronismo com os fatos, documentos e provas debatidos no processo, fulminando, assim, a possibilidade de decisionismos e teratologias, tão criticadas por Lênio Luiz Streck[133].

A respeitabilidade do art. 489 do NCPC, em matéria penal e processual penal, consigna um dos pilares do Estado Democrático, garante a efetividade do sistema acusatório e prestigia o exercício de jurisdição em sede de primeiro e segundo grau, homenageando, em última análise, o primado da dignidade da pessoa humana em conflito com o Estado.

Por representar uma importante conquista do Constitucionalismo Contemporâneo (prevista no art. 93, IX, da CRFB/88), ser compatível com o sistema de garantias proposto por Luigi Ferrajoli e demonstrar um maior grau de aproximação com o exercício de jurisdição pleno defendido pela estrita legalidade do sistema acusatório, o art. 489 do NCPC deve ser aplicado de maneira supletiva ao CPP, a fim de possibilitar um maior controle de qualidade das decisões penais e processuais penais, pelos atores do direito.

Esta integração normativa prestigia, ainda, o princípio da economia processual, na medida em que a infringência ao art. 489 do NCPC representará a interposição do RESp ao STJ; produzindo, assim, eficácia na prestação da tutela jurisdicional, em sede de revisão das decisões produzidas pelo segundo grau, e obstando a interposição di-

133 STRECK, NUNES, CUNHA e FREIRE, *op. cit.*, p. 681-682.

reta do RE ao STF como primeira via eleita recursal, para fins de revisão das decisões carentes de fundamentação.

Teoria dos Precedentes

Ao comentar a inauguração promovida pelo NCPC, acerca da positivação da Teoria dos Precedentes, no ordenamento jurídico brasileiro, Luiz Guilherme Marinoni, Sérgio Cruz Arenhart e Daniel Mitidiero, aduzem que a aproximação do *civil law* ao *common law* é recíproca, oriunda de uma multiplicidade de fatores afetos ao mundo contemporâneo, na medida em que o *common law* tem observado uma crescente *statutorification* das suas normas, enquanto que o *civil law* tem incorporado algumas das técnicas tradicionais do *common law*, a exemplo da Teoria dos Precedentes[134].

Em *lato sensu*, o precedente é a decisão judicial tomada em determinado caso concreto, cuja diretriz normativa poderá servir como um indicador para a interpretação e julgamento de casos análogos posteriores. O precedente é composto por três características jurídicas correlatas, as circunstâncias de fato que embasaram a controvérsia debatida na decisão, os princípios jurídicos que foram utilizados para construir a motivação da decisão, e a argu-

134 MARINONI, Luiz Guilherme, ARENHART, Sérgio Cruz e MITIDIERO, Daniel. *Novo Curso de Processo Civil, vol. 02, Tutela dos direitos mediante procedimento comum*. 3ª ed. rev., atua. e amplia. – São Paulo: Revista dos Tribunais, 2017, p. 639-640.

mentação jurídica tecida em torno da questão aprecia-da[135].

Conforme pontuado por Fredie Didier Jr., o prece-dente não possui eficácia obrigatória ou persuasiva, muito embora comumente isso seja dito. Na realidade, o que possui caráter obrigatório ou persuasivo é a *ratio deciden-di* ou *holding* adotada na construção da motivação da de-cisão, ou seja, os princípios e normas fundamentais que sustentam a aplicação da interpretação dada ao caso pre-cedente.

Por esta razão o legislador positivou no ordenamen-to jurídico brasileiro a obrigatoriedade de ponderação (*distinguish*) para a aplicação ou o afastamento de um pre-cedente, em um caso concreto, por meio de criteriosa análise de sua *ratio decidendi*.

O precedente é constituído de argumentos de ordem secundária (*obiter dictum*) e de ordem fundante (*ratio*) sendo que, na medida em que a interpretação do direito se modifica conforme os avanços da sociedade, revogação normativa e substituição legislativa, os argumentos *dic-tum* podem vir a se tornar *ratio* e os argumentos *ratio* po-dem se tornar *dictum*.

Para fins de identificação de um argumento *ratio* e um argumento *dictum* dentro de um precedente, Luiz Gui-lherme Marinoni adota o método eclético de interpreta-ção defendido por Rupert Cross que, por sua vez, leva em

---

135 *Ibidem*, p. 455.

consideração as técnicas desenvolvidas por Wambaugh e Goodhart, em sede de *common law*[136].

O *dictum* seria o argumento que, caso seja retirado da fundamentação da decisão, não alteraria o resultado do precedente, de sorte que a *ratio* seria a fundamentação estruturante do precedente, sem a qual, a conclusão da decisão seria modificada (Wambaugh).

Posteriormente, chegou-se a conclusão de que essa explicação não seria suficiente, pois não serviria à identificação das similitudes do precedente aos demais casos ordinários, para fins, de vinculação de sua força interpretativa. Assim, além da identificação dos argumentos *dictum* e *ratio*, o precedente também deveria estabelecer a análise completa dos fatos que levaram à conclusão daquela decisão, sendo que, a força vinculante de determinado precedente estaria ligada, caso a caso, às suas semelhanças fáticas (Goodhart)[137].

A teoria eclética é tida por Fredie Didier Jr., como a "melhor opção" e consiste na aplicação de ambos os métodos de interpretação, de sorte que a *ratio* do precedente deve ser buscada à luz dos fatos e fundamentos jurídicos que conduziram à conclusão adotada pela decisão[138].

A superação de um precedente, por sua vez, se dá por meio das técnicas de *overruling* e *overruled*. O *overruling*

---

136 MARINONI, ARENHART e MITIDIERO, *op. cit.*, p. 652.
137 MARINONI, Luiz Guilherme. *Precedentes Obrigatórios*. 2ª ed., São Paulo: Revista dos Tribunais, 2011, p. 250-251.
138 CROSS *apud* DIDIER, *op. cit.*, p. 462-463.

consiste na superação gradativa do entendimento jurisprudencial exarado por meio de precedente, é a perda natural de sua força vinculante, que pode ser expressa (*express overruling*) ou tácita (*implied overruling*). A modificação do precedente por meio de um *express overruling* se dá
quando o próprio Tribunal decide, expressamente, modificar o seu entendimento jurisprudencial. Quando a superação se dá por um *implied overruling* o precedente é
transposto por uma interpretação confrontante com o posicionamento anterior do Tribunal, embora não exista
uma declaração expressa no sentido de intencionalmente
transpor a decisão anterior[139].

O ordenamento jurídico brasileiro, por seu turno,
adotou tão somente o *express overruling* como técnica de
superação dos precedentes criados pelos Tribunais Superiores, à luz do NCPC (art. 927, § 4º do NCPC).

Não é permitido, portanto, ao STJ e ao STF modifica-
rem sua própria jurisprudência, súmula e precedentes,
sem, contudo, observar o procedimento específico do *express overruling*, pois o *implied overruling* fere o dever de
coerência e integridade (previstos no art. 926 do NCPC),
definidos por Lênio Luiz Streck como "vetores principiológicos" por meio dos quais todo o sistema jurídico deve
ser lido, mormente no que toca à alteração de entendimento por parte dos Tribunais e a respectiva modulação
dos seus efeitos nas instâncias ordinárias[140].

---

139 DIDIER, SARNO e OLIVEIRA, *op. cit.*, p. 507-508.
140 STRECK, NUNES, CUNHA e FREIRE, *op. cit.*, p. 1.208.

O *express overruling* pressupõe uma reflexão prévia do próprio Tribunal com relação à sua jurisprudência para que seja aplicado.

Em casos de precedentes vinculantes, no nosso sistema, àqueles que se referem a edições de súmulas, jurisprudência pacífica e julgamentos de casos repetitivos, o legislador pátrio previu a hipótese até mesmo da realização de audiências públicas, com a participação democrática do povo e suas entidades de representação, a fim de contribuir para a construção de uma nova *ratio* (§ 4°, do art. 926 do NCPC).

Mas não é só. No que se refere especificadamente o *express overruling* prevista no § 4° do art. 926 do NCPC, em matéria criminal, ela jamais poderia ser aplicada para retroceder as garantias fundamentais previstas na CRFB/88, seja porque as regras de Direitos Humanos vedam expressamente o retrocesso, seja porque em matéria processual penal não é cabível a analogia *in malam partem*.

Logo, ainda que o NCPC seja o núcleo gravitacional do sistema processual brasileiro, e na ausência de um regramento específico para o processo penal deva ser aplicado supletivamente àquele, no que se refere o *express overruling* dos precedentes, as normas fundamentais processuais precisam – necessariamente – ser observadas pelo intérprete da lei, à luz da dogmática das garantias constitucionais-processuais-penais, sob pena de permitir-se uma usurpação completa da técnica de superação do precedente prevista no § 4º do art. 926 do NCPC[141] e a prolatação de decisões desprovidas de sentido axiológico coerente com o sistema jurídico vigente.

Assim, o *express overruling* também constitui uma garantia processual importante ao sistema acusatório e não pode ser transposta por nenhum Tribunal, sem a sua devida tramitação, sob pena de produzir-se uma *ratio decidendi* nula desde o nascedouro e que, por conseguinte, não deverá produzir efeitos moduladores.

---

141 DIDIER Jr., Fredie (Cord. Geral); CABRAL, Antônio do Passo; PACELLI, Eugênio; CRUZ, Rogério Schietti (Cord. Volume Processo Penal), *Coleção Repercussões do novo CPC v. 13 – Processo Penal*. Salvador: *Editora JusPodivm*, 2016, p. 460-461.

Análise crítica do HC 126292 à luz do NCPC e da Teoria dos Precedentes

A fim de demonstrar, sob a ótica da práxis jurídica, as distorções oriundas do equívoco interpretativo das normas fundamentais que, em verdade, visam a segurança jurídica dos direitos e garantias reconhecidos pela Constituição, bem como o respeito à norma supralegal do ordenamento jurídico brasileiro, escolheu-se abordar neste livro a construção do acórdão exarado pelo STF no julgamento emblemático do HC 126292/SP, que ficou popularmente conhecido como o julgado que "relativizou a presunção da inocência" para autorizar a execução da pena privativa de liberdade em sede de segunda instância.

Inicialmente, vale ressaltar que o ministro Teori Zavascki, no curso da fundamentação do relatório e voto do HC 126292/SP, aduz expressamente acerca da inexistência de um marco interruptivo prescricional no art. 117, do CP, entre a data de prolatação de acórdão confirmatório da condenação e o início do cumprimento da pena, o que, no seu entendimento, tornaria a "presunção da não-culpabilidade" um "mecanismo inibidor da efetividade da jurisdição penal".

Na sua visão, competiria ao Poder Judiciário, sobretudo ao STF, garantir a efetividade de suas decisões, ainda que por meio do "resgate" de sua jurisprudência (superada há anos), a fim de "harmonizar o princípio da presunção da inocência com o da efetividade da função jurisdicional do Estado"[142].

A "confusão semântica" inaugurada pelo ministro Teori Zavascki, se deu no sentido de que em 1948 o Brasil teria aderido à Declaração Universal dos Direitos do Homem (DUDH), de sorte que o "princípio da presunção da inocência (ou de não-culpabilidade)" teria ganhado destaque no ordenamento jurídico nacional ainda na vigência da Constituição de 1946, dando especial destaque ao "art.11.1" da DUDH: "Toda pessoa acusada de delito tem direito a que se presuma sua inocência, enquanto não se prova sua culpabilidade, de acordo com a lei e em processo público no qual se assegurem todas as garantias necessárias para sua defesa". Tendo sido, posteriormente, positivado na Constituição de 1988, pelo inciso LVII do art. 5°, da seguinte forma: "ninguém será considerado culpado até o trânsito em julgado de sentença penal condenatória".

---

142 Parágrafos 10 e 11 do voto do Ministro Teori Zavascki no HC 126292/SP. Disponível em <http://www.stf.jus.br/portal/processo/verProcessoAndamento.asp?incidente=4697570> Acessado em 10 de novembro de 2017.

Assim, é possível dizer que o ministro relator do HC 126292/SP, acompanhado pela maioria do STF, tratou como sinônimos o princípio da não-culpabilidade (contido na DUDH) e o princípio da presunção da inocência (premissa constitucional de 1988, prevista no inciso LVII do art. 5º)[143].

Contudo, em que pese a densa fundamentação exposta pelo ministro Teori Zavascki, não é possível tratar, de maneira conceitual, esses dois princípios como "a mesma coisa", pois eles não se confundem, em verdade, se complementam. Diga-se, o "princípio da presunção da inocência" é gênero, enquanto que o "princípio da não-culpabilidade" espécie.

O princípio da presunção da inocência remonta ao Direito Romano (Escritos de Trajano), tendo sido invertido em sua concepção semântica durante a inquisição da Idade Média, quando a presunção era notadamente a de culpabilidade[144]. A consequência prática dessa inversão se dava no sentido de que o ônus comprobatório da "não-autoria" do delito competia àquele que se encontrava acusado do cometimento de um crime e não sobre quem o acusava. Ou seja, o acusado presumia-se, via de regra, culpado, salvo se comprovasse no curso do processo medievo a sua inocência.

---

143 Conforme consignado pelo Ministro Relator no parágrafo 4, do voto proferido no HC 126292/SP.
144 LOPES Jr., 2004, p. 174.

Pode-se afirmar, assim, que a presunção da inocência e o princípio da jurisdicionalidade foram consagrados positivamente na "Declaração dos Direitos do Homem de 1789", ao passo que, em verdade, a presunção da inocência é uma derivação do próprio princípio da jurisdicionalidade, pois, se a jurisdição é a atividade necessária para a obtenção da prova material da autoria de um delito, por meio de um processo regular, até que essa prova seja efetivamente produzida e refutada à exaustão da comprovação de sua veracidade, nenhum sujeito pode ser considerado culpado[145].

Para o ministro Celso de Mello, contudo, ainda que o predicado tivesse sua gênese no Direito Romano, a consciência do sentido fundamental desse direito sobreveio apenas em 1789, com a "Declaração dos Direitos do Homem e do Cidadão" – cujo art. 9º proclamava expressamente a presunção da inocência do acusado, de modo a repudiar veementemente as práticas do Estado Absolutista[146]. De sorte que no curso da história mundial, o princípio da presunção da inocência teria sofrido duros golpes e tentativas de "interpretação" contrárias aos princípios democráticos, tendo sobrevivido a esses ataques, no contexto das sociedades civilizadas como valor fundamental e exigência básica ao respeito à dignidade da pessoa humana.

Concluiu o ministro Celso de Mello que, por esta razão, o art. 11º da "Declaração Universal de Direitos da

---

145 *Ibidem*, p. 174 e 175.
146 4º parágrafo do Voto do Ministro Celso de Mello, no HC 126.292/SP.

Pessoa Humana" – promulgada em 1948 pela III Assembleia Geral da ONU em reação aos abusos cometidos pelos regimes totalitários nazifascistas –, proclamou o entrave hermenêutico positivado: "todos presumem-se inocentes até que sobrevenha definitiva condenação judicial". Razão pela qual seria, no seu sentir, impossível se adotar um exercício de interpretação que levasse a conclusão distinta daquela normatizada pela Constituição. A presunção da inocência, conforme positivado pelo ordenamento jurídico brasileiro, só teria o seu fim, material, com o trânsito em julgado da sentença penal condenatória.

No Brasil, o princípio da presunção da inocência foi previsto expressamente na Constituição Federal de 1988 e reafirmado, em 1992, quando o Brasil ratificou a Convenção Americana de Direitos Humanos, que em seu artigo 8.2 preconiza que: "toda pessoa acusada de delito tem direito a que se presuma sua inocência, enquanto não se comprove legalmente sua culpa".

Primeiramente, para falar do princípio da não-culpabilidade é necessário estabelecer o que vem a ser culpabilidade em seu sentido *lato* e *stricto sensu*. O princípio da culpabilidade é introduzido no Direito Penal com uma vocação decididamente garantista, ao passo que consigna, na seara jurídico-penal, determinada imagem do homem, como sujeito autônomo, digno e de natureza racional; trata-se, portanto, de um dos pilares do Direito Penal moderno, pois sua concepção gravita em torno da ideia de dignidade da pessoa humana, servindo de fundamento (material) e limite para a imputação da pena (formal)[147].

No sistema garantista proposto por Luigi Ferrajoli, a culpabilidade se expressa no sexto axioma *nulla actio sine culpa*, de maneira que exige como condição *si ne qua non* a existência de um fator subjetivo-psicológico e pessoal, pois o comportamento humano não pode ser valorado (para fins de imputação penal) se não é fruto de uma ação implementada por uma pessoa capaz de compreender e querer (ou pelo menos assumir o risco de provocar) o resultado final obtido[148].

Em sua obra, Ana Heloísa Senra, defende que a culpabilidade é a via que torna possível a atribuição (ou não) de uma pena que, em uma concepção normativa, é a garantia do sujeito frente o Estado. Apartada a análise subjetiva da culpabilidade do indivíduo, do fato a autoria dele atribuído, o sujeito está completamente entregue ao arbítrio estatal[149].

Nessa concepção, a culpabilidade integra o próprio conceito de delito, sendo observada como determinante à tipificação de determinado crime (diferenciado entre conduta dolosa e culposa, por exemplo), se revela também

---

147 MELLO, Borges de Albuquerque Sebástian, *O conceito material de culpabilidade – o fundamento da imposição da pena a um indivíduo concreto em face da dignidade da pessoa humana*. 1ª ed. Salvador: Editora JusPodivm, 2010, p. 96-97.

148 FERRAJOLI, *op. cit.*, p. 389-390.

149 SENRA, Ana Heloisa. *Inimputabilidade, consequências clínicas sobre o sujeito psicótico*. São Paulo: Annablume; Belo Horizonte: FUMEC, 2004., p. 36-37.

como hipótese de graduação da sanção prevista para a conduta delitiva, sendo ao mesmo tempo um limite à imputação da pena e, finalmente, determinante à impossibilidade de responsabilização objetiva do indivíduo em conflito com o Estado, acusado do cometimento de um delito.

É possível concluir, assim, que o "princípio da não-culpabilidade" está intimamente ligado à inexistência de responsabilidade e imputação objetiva da autoria do cometimento de um delito ao sujeito acusado, bem como da pena eventualmente cominada a esse tipo penal.

A formação da culpabilidade do indivíduo submetido ao processo criminal, portanto, está relacionada aos meios legais disponíveis à acusação (detentora do *onus probatione*) para provar em juízo – racionalmente – a responsabilidade do sujeito delituoso. É, como já dito, espécie daquele gênero, ao passo que imputa ao acusador o ônus de provar a culpabilidade material do sujeito em conflito com a lei, dentro dos limites processuais preestabelecidos, a fim de "destruir" a presunção da inocência que é dada a esse indivíduo, por força da premissa constitucional[150].

À luz do sistema de garantias de Luigi Ferrajoli o "princípio da não-culpabilidade" estaria assim definido: 1) não é possível penalizar alguém, sem que subsista prova irretorquível de sua autoria; 2) não é possível imputar uma pena a alguém, sem que ela esteja prevista no ordenamento; 3) não é possível penalizar condutas cuja modi-

---

150 FERRAJOLI, *op. cit.*, p. 152.

ficação moral da sociedade já não considera a existência de bem jurídico relevante; 4) não é possível penalizar alguém, se essa conduta não representa uma ofensa a bem jurídico; 5) não é possível penalizar alguém, se não há ação que ofenda um bem jurídico; 6) não é possível culpar alguém de maneira objetiva; 7) não é possível auferir a culpabilidade de alguém sem o devido exercício de jurisdição; 8) não é possível o devido exercício de jurisdição, sem a necessária separação entre acusação e julgador; 9) não é possível o exercício de acusação, sem a necessária imputação de ônus probatório da culpabilidade à acusação; 10) não é possível penalizar alguém, sem a observância do direito irrestrito de defesa e contraditório.

Conforme abordado ao longo da presente obra, os dez axiomas garantistas, enquanto instrumento de racionalidade decisória, servem ao exercício válido de jurisdição e à possibilidade de exame da culpabilidade do sujeito acusado, de maneira a garantir a impossibilidade de imputação objetiva pelo Estado de Direito, comum aos regimes jurídicos dos Estados autoritários. Assim, seguidos os dez predicados garantistas e, não comprovada a culpabilidade material do sujeito acusado, tem-se, pois, consagrada a sua presunção da inocência. A inexistência dessa comprovação deve sempre culminar na absolvição do sujeito em conflito com o Estado (*in dubio pro reo*) – atendendo, assim, à máxima efetividade e à primazia da norma mais favorável ao indivíduo.

Pois bem. À luz da discussão trava pelo STF sobre o tema, não foram analisadas as diferenças semânticas cruciais desses dois princípios, ao passo que – como se a relativização de um princípio tido como cláusula pétrea fosse pouco –, o STF se esquivou de analisar os princípios da "não-culpabilidade" e da "presunção da inocência" sob o viés inserto na Convenção Americana de Direitos Humanos (norma supralegal)[151].

O texto do "artigo 8.2" do Pacto de São José da Costa Rica não admitira tal interpretação, como muito bem fora pontuado pelo ministro Celso de Mello em seu voto, haja vista que a norma é categórica no sentido de prever a "presunção da inocência" do sujeito acusado do cometimento de um delito até que seja exaurida a "formação de sua culpa" por todos os meios legais (Devido Processo Legal).

Por "meios legais" entende-se (ou deveria se entender) "até que não subsista possibilidade de reversão da decisão", precipuamente porque enquanto subsistir essa hipótese, não é possível falar em "formação da culpa" e, portanto, "presumir-se-á inocente" àquele que se encontre em conflito com o Estado.

Cumpre esclarecer que este livro não visa enveredar pela discussão contida também no voto vencedor acerca do que vem a ser "coisa julgada formal/material" em matéria criminal, simplesmente porque "trânsito em julgado" é um conceito universal a todos os ramos do Direito e, em todos, possui o mesmo sentido e consequência. Esse

---

151 Conforme entendimento do próprio STF (RE 466.343-SP, HC 87.585-TO e RE n° 349.703).

não é um conceito derivável, dentro da ótica de um Estado Democrático de Direito, assim como "Prescrição" e "Decadência" jamais serão.

Impende repisar, ainda, que em razão do princípio da vedação do retrocesso, não é possível interpretar de maneira abrangente as normas de Direito que representem uma diminuição dos Direitos Fundamentais e Humanos, garantidos pelas Declarações e Tratados Internacionais dos quais o Brasil é signatário. Ou seja, ao falarmos de normas restritivas de direito, sob o prisma da Democracia, é impossível adotarmos uma interpretação que culmine em diminuição das garantias individuais previstas nas legislações internacionais, precipuamente no que se refere às normas que são consideradas um "consenso" entre os Estados de Direito, a exemplo da "presunção de inocência" para os acusados em processo criminal.

Parafraseando Lênio Luiz Streck, não é possível se admitir que a interpretação da norma seja dotada de discricionariedade "caso a caso" – há que existir uma coerência do "sentido" da norma, sob pena de permitir-se interpretações esdrúxulas, a exemplo do "duplo carpado hermenêutico" acima referido que, notoriamente, visava tão somente autorizar a execução da pena em sede de acórdão confirmatório da sentença de condenação; de modo a resolver, por meio do ativismo judicial, um "problema" de processo penal (o suposto excesso de instrumentos recursais que culminariam na ocorrência de prescrição da pretensão punitiva)[152].

O acórdão acima referido não se trata de uma Jurisprudência de Interesses[153], mas sim, de uma jurisprudência nula, seja porque violou frontalmente o texto constitucional, seja porque cricou a norma supralegal à qual o Estado brasileiro se encontra obrigado; de mais a mais, o acórdão em análise desconstruiu a tradição jurisprudencial do STF de maneira errônea, do ponto de vista técnico, à luz da Teoria dos Precedentes.

Pois bem. Nesse ponto específico, vale questionar se teria o STF cumprido com o *express overruling* ao modificar o entendimento de sua jurisprudência dominante, pacificada há anos, quando do julgamento do HC 126292/SP, cuja *ratio decidendi* autorizou o cumprimento antecipado de pena, relativizando o sentido axiológico da presunção da inocência e promovendo uma verdadeira confusão semântica com a regra da "não-culpabilidade" para, finalmente, ferir as regras que constituem a coisa julgada material (trânsito em julgado), capazes de autorizar a execução de pena em matéria criminal.

É dizer, o STF desconstituiu um precedente importante para as bases do sistema acusatório vigente (CRFB/

---

152 Nesse sentido, ver julgamentos: ADC 43, ADC 44 e HC 126292, cujos acórdãos possibilitaram a execução antecipada da pena, antes do trânsito em julgado da sentença penal condenatória. Disponível em <http://www.stf.jus.br/portal/cms/verNoticiaDetalhe.asp?idConteudo=326754> Acessado em 10 de novembro de 2017.
153 Na concepção crítica de Lênio Luiz Streck da importação equivocada da Jurisprudência de Valores alexyana.

88), para autorizar por meio de uma única jurisprudência, baseada em fundamentos de segunda categoria (*obiter dictum*), a transposição de uma *ratio decidendi* constituída sob as bases do processo penal democrático.

O acórdão *sub examine* não fala em nenhum momento acerca da técnica de superação da *ratio decidendi* que fora desconstituída pelo STF (impossibilidade de cumprimento de sentença penal enquanto perdurarem recursos pendentes de julgamento nos Tribunais Superiores). Os procedimentos previstos, nos art. 926 e seguintes do NCPC, não foram citados sequer *en passant* pelos ministros em seus respectivos votos. Ou seja, além da completa usurpação dos direitos fundamentais previstos pela CRFB/88 e da norma supralegal acima referida, a decisão exarada pelo STF no julgamento do HC 126.292/SP feriu o procedimento específico previsto no NCPC para a superação de um precedente.

Ademais, conforme abordado no capítulo anterior, a interpretação das normas restritivas de direito deve – necessariamente – ser taxativa, sob pena de infringência ao princípio da estrita legalidade e a absoluta incompatibilidade da decisão resultante desse esforço interpretativo com as premissas democráticas.

Aqui, cabe observar que a doutrina não deve amenizar a terminologia utilizada para designar a atuação do STF no mínimo, equivocada, quando do julgamento do HC 126.292/SP. Afinal de contas, a doutrina e a academia jurídica são responsáveis pelo controle interpretativo jurisprudencial, na medida em que criticam de maneira sólida todo e qualquer "duplo carpado hermenêutico" jurisprudencial que não esteja de acordo com as premissas Constitucionais e o respeito à dignidade da pessoa humana.

A decisão acima criticada é nula desde o seu nascedouro, haja vista que não encontra fundamento nas premissas positivadas pelo Estado Social Democrático de Direito brasileiro e deve ser tratada como tal pelos atores do Direito, ainda que por desobediência, necessária à defesa desse mesmo Estado Democrático, denunciando, assim, o eterno *status* policial que ronda toda e qualquer prática abusiva por parte do Estado.

CONCLUSÃO

A existência de um CPP nascido sob a égide fascista dos anos anteriores à ditadura militar no Brasil e utilizado no período de subversão do Estado de Direito pressupõe um olhar crítico dos atores do Direito em relação a esse texto. É bem verdade que a CRFB/88 não deixa margem para qualquer tipo de interpretação inquisitiva, precipuamente porque consagra o sistema acusatório inerente aos regimes de governo democráticos.

Não obstante, na prática, inúmeros são os exemplos cotidianos de desrespeito às premissas garantistas da Constituição, nos julgados proferidos pelos tribunais brasileiros, inclusive o próprio STF, conforme demonstrado neste livro, ao invés do que era de se esperar. Conforme observa Sebástian Borges de Albuquerque Mello, no prefácio da obra publicada por Lourival Almeida Trindade, o magistrado deve atuar como o verdadeiro representante do Estado de Direito, na medida em que sua atuação é pautada no anteparo do Estado de Polícia[154].

Nesse ponto, vale repisar a crítica construída no início desse livro acerca das funções que são atribuídas pela CRFB/88 ao Ministério Público e aos juízes, reforça-se a tese de que muito melhor seria se o ordenamento jurídico brasileiro derrogasse o MP de sua função fiscalizadora imputando tal obrigação aos juízes; afinal, do ponto de vista determinista, o princípio da imparcialidade é uma premissa impossível de ser aplicada no mundo prático[155].

Com efeito, a imparcialidade que se cobra dos atores do Direito – enquanto aplicadores da norma –, não é aquela que se refere ao caso concreto em si, mas sim, às variantes sentimentais que, eventualmente, o desenrolar do processo penal possam causar no seu interlocutor. O sujeito deve ser imparcial frente as suas aspirações morais e subjetivas, para enxergar o acusado conforme a lupa do Estado de Direito, de modo a assegurar a dignidade da pessoa humana posta em conflito com a lei. Cobrar esse posicionamento subjetivo do órgão que detém objetivamente o ônus probatório é, no mínimo, contraditório. O fiscal do *status* policial não deve ser o MP, mas sim os juízes que interpretam cotidianamente o Direito, conforme ocorre no sistema acusatório de países regidos pelo *com-*

154 TRINDADE, Lourival Almeida. *Julgados Criminais Garantistas*. 1ª ed. Florianópolis: Empório do Direito, 2017, p. 7.
155 MELLO, Borges de Albuquerque Sebástian. *O conceito material de culpabilidade – o fundamento da imposição da pena a um indivíduo concreto em face da dignidade da pessoa humana*. 1ª ed. Salvador: Editora JusPodivm, 2010, p.361-365.

mon law, onde repousa sobre o magistrado a responsabilidade pela fiscalização do *due process of law*. Aqui, cabe observar que a presente obra não pretende ser uma defesa da importação completa do sistema acusatório do *common law*.

Contudo, é necessário que adotemos uma posição crítica diante da importação deficiente das categorias próprias do *common law*, a exemplo da Teoria dos Precedentes. Não é possível que a jurisprudência brasileira seja constituída de modo a desenvolver seus precedentes sem que, entretanto, primeiro os magistrados entendam sua verdadeira função dentro do Estado de Direito enquanto fiscais do *due process of law* e das premissas humanistas e libertárias próprias dos países democráticos.

O NCPC demonstra ser um divisor de águas da "forma" como se preconizam os fundamentos do processo, no sistema acusatório do Estado brasileiro. O novo diploma processual retira do juiz a figura da imparcialidade conforme o caso para colocá-la no seu devido lugar de imparcialidade conforme as partes, na medida em que torna obrigatória a garantia da "paridade de armas" e eleva o contraditório como "direito de influência no resultado". O "dever de motivação das decisões judiciais" e a positivação do procedimento, ainda que infante, da "Teoria dos Precedentes" constitui outro ponto de apoio importantíssimo às garantias constitucionais das partes litigantes em processo.

Aqui, conforme debatido por Alexandre Moraes da Rosa, cabe observar que não é dado ao Direito Processual Penal de bases democráticas aceitar decisões apartadas de fundamentação exauriente das teses deduzidas no curso da ação penal, pois a validade da própria decisão encontra supedâneo nas pretensões produzidas pelos discursos das partes do processo[156]; nessa concepção, o autor defende a revisão das inúmeras regras do CPP que são incompatíveis com o procedimento do sistema acusatório definido pela CRFB/88, observando, contudo, que a "importação de categorias próprias do processo civil" seriam impossíveis.

Nessa mesma linha de raciocínio, Gustavo Badaró preconiza que o Brasil padece de uma reforma profunda de seu sistema processual penal, tal como ocorreu nos demais países latino-americanos pós-abertura democrática, cuja incorporação de princípios garantidores do sistema acusatório, trouxe para os seus respectivos códigos processuais penais a figura do "contraditório como direito de influência", a exemplo do Chile, Colômbia, El Salvador e Venezuela[157].

Aliado à previsão do contraditório substancial, o NCPC trouxe ainda modificações importantes do ponto de vista probatório, cujas exemplificações abordadas neste livro se restringiram à perícia e a produção antecipada de prova, de caráter autônomo, dada sua importância e reflexo em matéria processual penal; de maneira que o *onus probatione* exprimido pelo nono axioma garantista, tal

156 ROSA, *op. cit.*, p. 223.
157 BADARÓ, *op. cit.*, p. 374-475.

qual o contraditório pleno (décimo axioma), encontra previsão igualmente substancial no NCPC, na medida em que figuram objetivamente como condicionantes do dever de motivação das decisões judiciais. Assim, para Gustavo Badaró, a presença de diretrizes constitucionais-fundamentais no texto do NCPC, autorizam uma releitura do CPP a partir dos seus novos regramentos, cujo conteúdo representem uma maximização das garantias processuais[158].

Desse modo, pregar segregação das matérias de processo penal e processo civil, quando o NCPC se reporta como um valioso instrumento ao sistema de garantias proposto por Luigi Ferrajoli, é o mesmo que negar ao sujeito doente o remédio que pode lhe aliviar as dores; do ponto de vista técnico, traduz a incapacidade do interlocutor de dialogar de maneira sistêmica com as demais fontes do ordenamento jurídico brasileiro, em prol da construção de um sistema acusatório pleno.

A separação das matérias afetas aos Direitos Humanos não parece ser a melhor opção dentro de uma ótica unificadora, que visa à máxima efetividade da dignidade da pessoa humana. Essa aparente inexistência de similitudes entre "Direito Civil", "Direito Tributário" e "Direito Penal", na prática, não cumpre o fim supostamente pretendido: alcançar uma boa técnica interpretativa, livre de inflexões incompatíveis com a matéria analisada. A esse respeito, basta uma breve verificação das decisões citadas ao longo da obra com o fim ilustrativo de tal incidência. A

---

158 BADARÓ, *op. cit.*, p. 378.

interpretação do ordenamento jurídico brasileiro (constitucional, supralegal e infraconstitucional) deve ser unificada de maneira garantista, pois nenhum corpo normativo, por mais completo que seja, é capaz de exaurir todas as necessidades oriundas dos dinamismos da sociedade.

Conforme exaustivamente debatido, não há possibilidade, dentro da estrita legalidade, de que interpretações judiciais, restritivas de direitos e garantias fundamentais, sejam admitidas de maneira abstrata no curso de um processo penal democrático. As normas constitucionais e processuais que representam um aumento da dignidade da pessoa humana, por seu turno, possuem a capacidade de influenciar e irradiar toda a legislação infraconstitucional e, na concepção do NCPC, trazem regras objetivas para sua aplicabilidade.

Desse modo, tratando-se de um Estado de Direito, onde o imperativo se dá pela máxima efetividade da dignidade da pessoa humana, podem os atores jurídicos interpretarem o seu corpo normativo de maneira extensiva, desde que respeitadas as premissas garantistas próprias das categorias do sistema acusatório processual penal; ao passo que a unificação do texto infraconstitucional poderá ser através de um método de integração (quando a lei específica for omissa) ou de interpretação extensiva (por subsunção da norma mais garantidora da dignidade da pessoa humana).

A esse respeito, Amilton Bueno de Carvalho pontua que a força interpretativa dos princípios de direitos humanos, correlacionados com a matéria penal e processual penal, deve sempre ter força centrífuga, dirigida para fora, em direção libertária. A supremacia dos princípios deverá prevalecer em qualquer situação, pois que estes são os valores centrais do espaço jurídico, tidos por uma construção histórica do homem eternamente em busca de uma maximização da dignidade da pessoa humana; ao passo que se, no curso do exercício de abstração inerente aos atores do direito, uma regra vai de encontro com o fundamento de determinado princípio, tal regra deverá ser afastada e o princípio aplicado[159].

Nessa mesma linha de raciocínio, Álvaro Pires defende que a racionalidade penal moderna precisa ser ressignificada diante das modificações do mundo jurídico contemporâneo e da forma como se identificam as premissas próprias da justiça criminal. Essa reestruturação do pensamento, da forma como se interpreta a lei penal e a lei processual penal, passa pelo exercício hermenêutico necessário ao reconhecimento do sistema penal em si mesmo e em outros sistemas; isto iria desde uma readequação dos termos utilizados para definirmos as categorias próprias do sistema criminal, até a forma como dialogamos com outras fontes, o que o autor admite, inclusive, em nível transnacional de abstração[160].

---

159 CARVALHO, Amilton Bueno de. *Lei, para que(m)?*, p. 3-13. Disponível em <http://catedralivreartedireitoclaricelispect.blogspot.com.br/2009/07/um-texto-de-amilton-bueno-de-carvalho.html> Acessado em 10 de novembro de 2017.
160 PIRES, Álvaro. *A racionalidade penal moderna, o público e os direitos humanos.* 2004, p. 56-68. Disponível em <http://www.lexml.gov.br/urn/urn:lex:br:rede.virtual.bibliotecas:artigo.revista:2004;1000695660> Acessado em 10 de novembro de 2017.

O eterno *status* de polícia precisa se contido através do "controle hermenêutico" da intersubjetividade tão criticada por Lênio Luiz Streck[161] e não através da separação das matérias do Direito. Se o significado linguístico dos conceitos jurídicos é derivável e passível de manipulação por parte dos mal-intencionados intérpretes do Direito, cumpre à hermenêutica jurídica a demonstração de que o exercício de abstração pretendido é simplesmente impossível do ponto de vista técnico/dogmático.

Assim, seja qual for o campo de visão jurídico que se decida adotar, a superioridade da dignidade da pessoa humana é matéria que se impõe pela via da estrita legalidade, pouco importando a especialidade da matéria do Direito, para fins de entraves axiológicos de garantia processual.

---

161 STRECK, *op. cit.*, p. 617-622.

REFERÊNCIAS

ARNS, Dom Paulo Evaristo. *Brasil: nunca mais*, 5ª ed. Petrópolis: Vozes, 1985.

BIANCHINI, Alice. *Lei Maria da Penha* – Aspectos *Assistenciais, Protetivos e Criminais da violência de gênero*. 3ª ed. São Paulo: Saraiva, 2016.

BITENCOURT, Cezar Roberto. *Tratado de Direito Penal – parte geral 1*. 17ª ed. rev. e amplia. São Paulo: Saraiva, 2012.

BOBBIO, Norberto. *A era dos direitos*. Trad. Carlos Nelson Coutinho. 7ª ed. Rio de Janeiro: Campus Elsevier, 2004

_____. *Estado, Governo, Sociedade, Para uma teoria geral da política*. 18ª ed. São Paulo: Paz e Terra, 2012.

BONAVIDES, Paulo. *Ciência Política*. 17ª ed. São Paulo: Malheiros, 2010.

_____. *Curso de direito constitucional*. 23ª ed. São Paulo: Malheiros, 2008.

144

_____. *Do Estado Liberal ao Estado Social*. 9ª ed. São Paulo: Malheiros, 2009.

BRASIL, Constituição da República Federativa do Brasil. Brasília, DF: Senado, 1988. Disponível em <http://www.planalto.gov.br/ccivil_03/constituicao/consti tuicao.htm> Acessado em 10 de novembro de 2017.

_____. Constituição dos Estados Unidos do Brasil. Rio de Janeiro, RJ: Senado, 1946. Disponível em <http://www.planalto.gov.br/ccivil_03/constituicao/consti tuicao46.htm> Acessado em 10 de novembro de 2017.

_____. Decreto-Lei 678, de 06 de novembro de 1992. Promulga a Convenção Americana sobre Direitos Humanos (Pacto de São José da Costa Rica). Disponível em <http://www.planalto.gov.br/ccivil_03/decreto/d0678.htm> Acessado em 10 de novembro de 2017.

_____. Decreto-Lei 2.848, de 07 de dezembro de 1940. Decreta e sanciona o Código Penal. Disponível em <http://www.planalto.gov.br/ccivil_03/decreto-lei/Del284 8compilado.htm> Acessado em 10 de novembro de 2017.

_____. Lei 13.105, de 16 de março de 2015. Decreta e sanciona o Código de Processo Civil. Disponível em <http://www.planalto.gov.br/ccivil_03/_ato2015-2018/2015/lei/l13105.htm> Acessado em 10 de novembro de 2017.

_____. Lei 5.869, de 11 de janeiro de 1973. Decreta e sanciona o Código de Processo Civil. Disponível em <http://www.planalto.gov.br/ccivil_03/leis/L5869.htm> Acessado em 10 de novembro de 2017.

_____. Decreto-Lei 3.689, de 03 de outubro de 1941. Decreta e sanciona o Código de Processo Penal. Disponível em <http://www.planalto.gov.br/ccivil_03/decreto-lei/Del368 9.htm> Acessado em 10 de novembro de 2017.

_____. Lei 7.210, de 11 de julho de 1984. Institui a Lei de Execução Penal. Disponível em <http://www.planalto.gov.br/ccivil_03/leis/L7210.htm> Acessado em 10 de novembro de 2017.

_____. Projeto-Lei 8.045, de 22 de dezembro de 2010. Código de Processo Penal. Revoga o Decreto-lei nº 3.689, de 1941. Altera os Decretos-lei nº 2.848, de 1940; 1.002, de 1969; as Leis nº 4.898, de 1965, 7.210, de 1984; 8.038, de 1990; 9.099, de 1995; 9.279, de 1996; 9.609, de 1998; 11.340, de 2006; 11.343, de 2006. Disponível em <http://www.camara.gov.br/proposicoesWeb/fichadetrami tacao?idProposicao=490263> Acessado em 10 de novembro de 2017.

CARVALHO, Amilton Bueno de. *Lei, para que(m)?*. Disponível em <http://catedralivreartedireitoclaricelispect.blogspot.com .br/2009/07/um-texto-de-amilton-bueno-de-carvalho.html> Acessado em 10 de novembro de 2017.

CARVALHO, SALO de. *Antimanual de criminologia*. 6ª ed. rev. e ampl. São Paulo: Saraiva, 2015.

DIDIER Jr., Fredie (Cord. Geral); CABRAL, Antônio do Passo; PACELLI, Eugênio; CRUZ, Rogério Schietti (Cord. Volume Processo Penal), *Coleção Repercussões do novo CPC v. 13 – Processo Penal*. Salvador: *Editora JusPodivm*, 2016.

DIDIER Jr., Fredie; BRAGA, Paula Sarno; OLIVEIRA, Rafael Alexandria de, *Curso de Direito Processual Civil, Teoria da Prova, Direito Probatório, Decisão Precedente, Coisa Julgada e Tutela Provisória*. vol. 2, 11ª ed. Salvador: *Editora JusPodivm*, 2016.

DUCLERC, Elmir. *Por uma teoria do processo penal*. 1ª ed. Florianópolis: Empório do Direito, 2015.

DUTRA, Leonardo Campos Victor. *Breves lições sobre jurisdição, processo e ação em Fracesco Carnelutti*. Belo Horizonte: Revista Eletrônica do Curso de Direito da PUC Minas, 2014.

DWORKIN, Ronald. *Levando os direitos a sério*. Trad. Nelson Boeira. São Paulo: Martins Fontes, 2002.

_____. *Uma questão de princípio*. São Paulo: Martins Fontes, 2000.

FERRAJOLI, Luigi. *Direito e Razão – Teoria do Garantismo Penal*. 6ª ed. São Paulo: Revista dos Tribunais.

GRAU, Eros. *Por que tenho medo dos juízes – a interpretação/aplicação do direito e os princípios*. 6ª ed. São Paulo: Malheiros, 2014.

GRINOVER, Ada; FERNANDES, Antônio e MAGALHÃES FILHO, Antônio. *As Nulidades no Processo Penal*. 2ª ed. São Paulo: Revista dos Tribunais, 1997.

LOPES Jr., Aury. *Introdução Crítica ao Processo Penal (Fundamentos da Instrumentalidade Garantista)*. 1ª ed. Rio de Janeiro: Lumen Juris, 2004.

_____. *Direito Processual Penal*. 12ª ed. São Paulo: Saraiva, 2015.

MARINONI, Luiz Guilherme, ARENHART, Sérgio Cruz e MITIDIERO, Daniel. *Novo Curso de Processo Civil, vol. 02, Tutela dos direitos mediante procedimento comum.* 3ª ed. rev., atua. e amplia. São Paulo: Revista dos Tribunais, 2017.

MARINONI, Luiz Guilherme. *Precedentes Obrigatórios.* 2ª ed. São Paulo: Revista dos Tribunais, 2011.

MARX, Karl, trad. MORGADO Gersner de Wilton. *O Capital,* Rio de Janeiro: Ediouro, 1985.

MELLO, Sebástian Borges de Albuquerque. *Direito Penal: Sistemas, Códigos e Microssistemas Jurídicos.* Curitiba: Juruá, 2004.

_____. *Ensaio sobre o neoconstitucionalismo. In:* Revista Jurídica da Presidência, 2012. Disponível em <https://revistajuridica.presidencia.gov.br/index.php/saj/article/view/147> Acessado em 10 de novembro de 2017.

_____. *O conceito material de culpabilidade – o fundamento da imposição da pena a um indivíduo concreto em face da dignidade da pessoa humana.* 1ª ed. Salvador: Editora JusPodivm, 2010.

MONET, Jean Cloude. *Polícias e Sociedade na Europa.* 2ª ed. São Paulo: Editora da Universidade de São Paulo, 2002.

NUCCI, Guilherme de Souza. *Manual de Processo Penal e Execução Penal.* São Paulo: Revista dos Tribunais, 2008.

PACELLI, Eugênio; FISCHER, Douglas, *Comentários ao Código de Processo Penal e a sua jurisprudência.* 6ª ed. Revisada e atualizada. São Paulo: Atlas, 2014.

PIRES, Álvaro. A racionalidade penal moderna, o público e os direitos humanos. 2004. Disponível em <http://www.lexml.gov.br/urn/urn:lex:br:rede.virtual.bibl iotecas:artigo.revista:2004;1000695660> Acessado em 10 de novembro de 2017.

RAMOS, André de Carvalho. *Curso de Direitos Humanos*. 4ª ed. São Paulo: Saraiva, 2017.

ROSA, Alexandre Morais da. *O Processo (Penal) como procedimento em contraditório: diálogo com Fazzalari*. Revista Novos Estudos Jurídicos, vol. 11 – n. 2, julho de 2006.

RÚSSIA, Assembleia Geral da Organização das Nações Unidas, se reúne e proclama a Declaração Universal dos Direitos Humanos, 1945. Disponível em <http://www.onu.org.br/img/2014/09/DUDH.pdf> Acessado em 10 de novembro de 2017.

SENRA, Ana Heloísa. *Inimputabilidade, consequências clínicas sobre o sujeito psicótico*. São Paulo: Annablume; Belo Horizonte: FUMEC, 2004.

STRECK, Lênio Luiz e MORAIS, José Luis Bolsan de. *Ciência Política e Teoria do Estado*. 8ª ed. rev. e atual. Porto Alegre: Livraria do Advogado, 2014.

STRECK, Lênio Luiz; NUNES, Dierle; CUNHA, Leonardo Carneiro; FREIRE, Alexandre. *Comentários ao Código de Processo Civil*. São Paulo: Saraiva, 2016.

STRECK, Lênio Luiz. *Verdade e Consenso*. 4ª ed. São Paulo: Saraiva, 2012.

_____. *Prova da OAB! Dworkin! Dicas para concurso! Porque o Senai é melhor!*, CONJUR. Disponível em <http://www.conjur.com.br/2017-jul-27/senso-incomum-prova-oab-dworkin-dicas-concurso-porque-senai-melhor>. Acessado em 10 de novembro de 2017.

_____. *Um debate com (e sobre) o formalismo-valorativo de Daniel Mitidiero, ou: 'Colaboração no processo civil' é um princípio?*. São Paulo: Revista dos Tribunais, 2012, Disponível em <https://bdjur.stj.jus.br/jspui/handle/2011/79493?mode=full> Acessado em 10 de novembro de 2017.

TRINDADE, Lourival Almeida. *Julgados Criminais Garantistas*. 1ª ed. Florianópolis: Empório do Direito, 2017.

ZAFARONNI, Eugênio Raúl e PIERANGELI, José Henrique. *Manual de Direito Penal Brasileiro*. 1ª ed. São Paulo: Revista dos Tribunais, 2015.

9 788553 009046